JN282827

大人と子どものあそびの教科書

Let's enjoy
# ORIGAMI
## 恐竜折り紙をたのしもう！

折り紙監修／高井弘明
編／こどもくらぶ

恐竜監修／
荒木一成

今人舎

# 恐竜大集合
きょうりゅう

## アパトサウルス
APATOSAURUS
10ページ

## スーパーサウルス
SUPERSAURUS
12ページ

## ティラノサウルス
TYRANNOSAURUS
14ページ

## フタバサウルス
FUTABASAURUS
22ページ

## プテラノドン
PTERANODON
**26ページ**

## トリケラトプス
TRICERATOPS
**32ページ**

## イグアノドン
IGUANODON
**38ページ**

## ブラキオサウルス
BRACHIOSAURUS
46ページ

## ステゴサウルス
STEGOSAURUS
54ページ

# はじめに

**紙**が中国から日本に伝わると、儀式や儀礼などのさいに、紙を折ってものの形をつくることがおこなわれるようになりました。その後、日本独自の紙をつくる技術（紙すき技術）が発達し、和紙が生みだされます。そして江戸時代になると、現在に伝わる折り紙がおこなわれるようになりました。「やっこさん」や「鶴」などは、そのころの折り紙です。

一方、スペインを中心とするヨーロッパでも独自の折り紙が伝わっていました。そうしたヨーロッパの折り紙が、明治時代に日本に入ってきて、両者がまざりあいました。日本で折られている「ほかけ船」や「勲章」などの折り紙はドイツから伝わったといわれています。その後、日本では折り紙が学校教育にもとりいれられ、ますます発展します。昭和に入ると、折り紙はアートの域にまで高まり、「ORIGAMI」として世界へ広まっていきました。

こうした事情から、折り紙の起源は日本にあるとされたり、スペインにあると主張されたり、紙の発明が中国であることから、中国起源説が唱えられたりしています。

ところで、広島の平和記念公園には「原爆の子の像」があります。この像には、つぎのようなエピソードが語りつがれています。

終戦後、新聞記者として日本にやってきたエレノア・コアさんというカナダ人女性が、ある日、「原爆の子の像」を見ました。この像のモデルとなったのは、病からの回復を信じて千羽鶴を折りながら亡くなった少女。コアさんは感動と衝撃のあまり身動きができませんでした。帰国後の1977年、彼女は『Sadako and the Thousand Paper Cranes』（禎子と千羽鶴）を書きあげました。最初アメリカで出版されたこの本は、フランス語、ドイツ語、ロシア語などに翻訳され、世界じゅうの子どもたちに読まれました。

アメリカでは、この本のおかげで鶴を心をこめて折ることが平和への祈りになるという考えが生まれたといわれています。

じつは、この折り紙の本は「禎子と千羽鶴」の心を広めたいという想いをこめてつくったものです。そのために、折り方の説明に英語をつけました。ただし、この本は、鶴の折り方を紹介するのではありません。高井弘明先生による新しい恐竜の折り方をわかりやすく解説したものです。なぜ恐竜？　それは、恐竜が世界じゅうの子どもたちがあこがれるテーマだからです。

（こどもくらぶ）

# もくじ

折り方の基本とポイント……………… 8

**レベル1**
- アパトサウルス……………… 10
- スーパーサウルス……………… 12

**レベル2**
- ティラノサウルス……………… 14
- フタバサウルス……………… 22
- プテラノドン……………… 26
- トリケラトプス……………… 32

**レベル3**
- イグアノドン……………… 38
- ブラキオサウルス……………… 46

**レベル4**
- ステゴサウルス……………… 54

**恐竜コラム**
- 恐竜の姿はどうしてわかる？……… 21
- 恐竜以外の爬虫類……………… 31
- 恐竜の種類と歴史……………… 44

**折り紙コラム**
- 折り紙がなくても「折り紙」できる！…… 52
- 恐竜折り紙をかざってみよう！……… 60
- 英語で折り紙！……………… 62

## この本の見方

1 このページで折れる恐竜の名前
2 この恐竜を折るのに必要な紙の数
3 この恐竜の基本情報
　種類／時代（生きていた時代）／全長（頭の先から尾の先までの長さ）／発掘地（化石が見つかった場所）／名前の意味／食べもの／歩行（2足歩行か4足歩行か）／特徴
4 折り方の流れをあらわす
5 高井先生からのコメント
6 むずかしさの目安
7 折り方のポイントを英語で紹介
　（もう少しくわしい英語表現は62・63ページ）

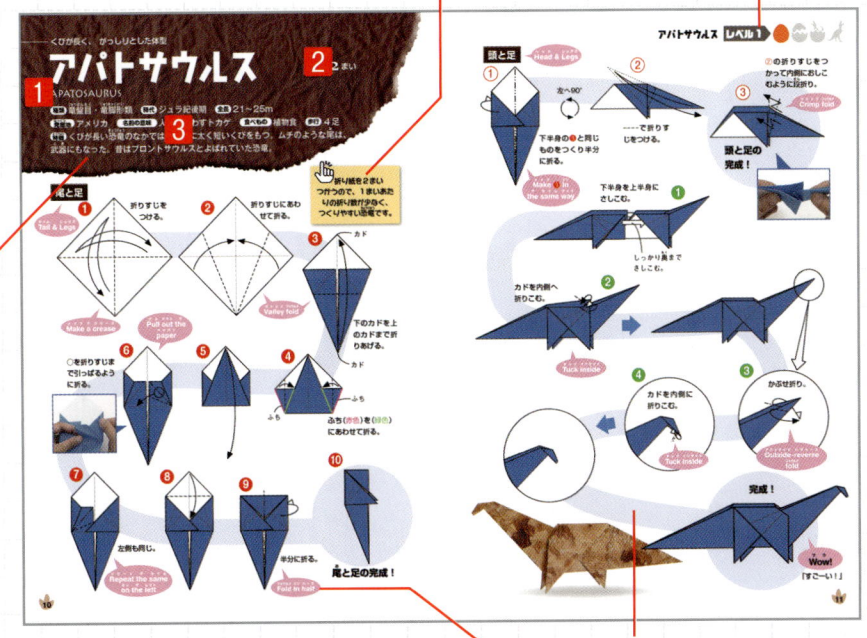

# 折り方の基本とポイント

この本では、イラストや写真に下のような記号をつけて、折り方を説明しています。とちゅうで折り方がわからなくなったら、このページにもどってたしかめてみましょう。

## 記号の約束

- うらがえす — Flip it over（フリップ イト オウヴァ）
- 紙を引き出す／紙をさしこむ — Pull out the paper（プル アウト ザ ペイパァ）／ Insert the paper（インサート ザ ペイパァ）
- 折り紙を回して図の見方をかえる — Paper position changes（ペイパァ ポジション チェンジィズ）
- つぎの図が大きくなる — Diagram enlargemant（ダイアグラム エンラージメント）

折り紙の各部の名称：
- カド corner（コーナー）
- ふち edge（エッチ）
- 中心 center（センター）
- 折りすじ crease（クリース）

## ●折るときの約束

### 谷折り — Valley fold（ヴァリィ フォゥルド）
- - - - - -
谷折り線

### 山折り — Mountain fold（マウンテン フォゥルド）
― ・ ― ・ ―
山折り線
うしろ側へ折ることをしめす矢印

### 折りすじをつける — Make a crease（メイク ア クリース）
谷折り線 → ひらく → つけた折りすじ

### 中わり折り　Inside-reverse fold

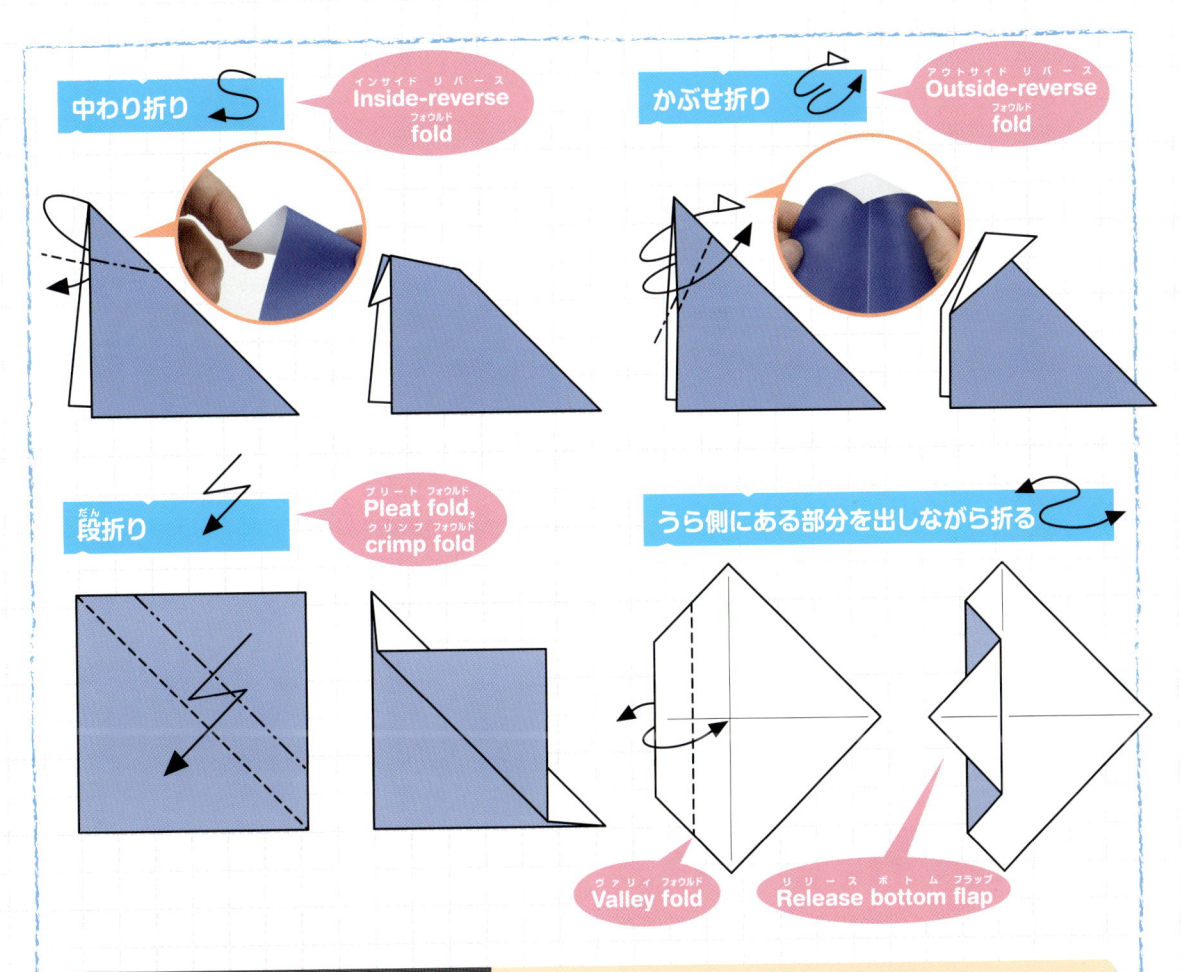

### かぶせ折り　Outside-reverse fold

### 段折り　Pleat fold, crimp fold

### うら側にある部分を出しながら折る

Valley fold　　Release bottom flap

---

## かっこいい恐竜をつくるには……とにかく基本が大事！

- 紙は、指でおさえてしっかりと折ること。曲げるだけではいけませんよ。
- カドとカドや、ふちとふちなどをぴったりあわせて折りましょう。
- 折りすじはまっすぐに。
- 折り図（折り方をしめしたイラスト）や写真をよく見て折りましょう。説明文もよく読んでください。
- 折る前に、全体の折り方に目を通して手順をイメージするとやりやすいですよ。
- わからなくなったら、ひとつ先の折り図と手元の折り紙をよく見くらべましょう。それでもだめなら新しい紙で再チャレンジ！

はじめはうまくできなくても大丈夫！なれれば、だれでもかっこいい恐竜がつくれます！

## カドをぴったりあわせて折るには……

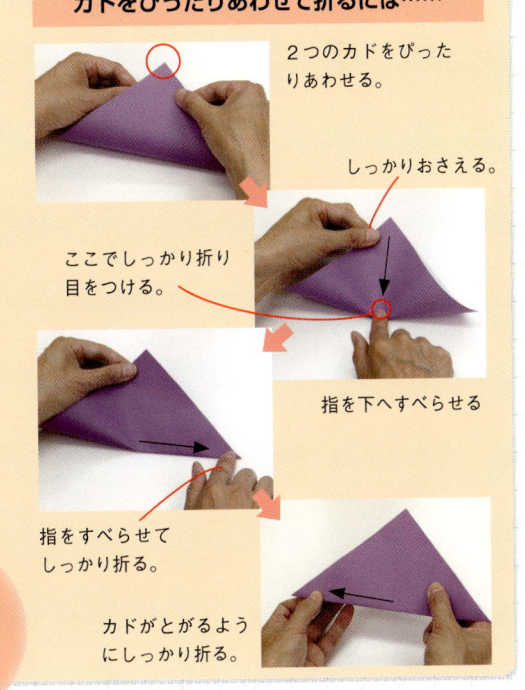

2つのカドをぴったりあわせる。

しっかりおさえる。

ここでしっかり折り目をつける。

指を下へすべらせる

指をすべらせてしっかり折る。

カドがとがるようにしっかり折る。

くびが長く、がっしりとした体型

# アパトサウルス
## APATOSAURUS

つかう紙 2まい

種類 竜盤目・竜脚形類　時代 ジュラ紀後期　全長 21〜25m
発掘地 アメリカ　名前の意味 人をまどわすトカゲ　食べもの 植物食　歩行 4足
特徴 くびが長い恐竜のなかでは、比較的くびが太く、短め。ムチのような尾は、武器にもなった。昔はブロントサウルスとよばれていた恐竜。

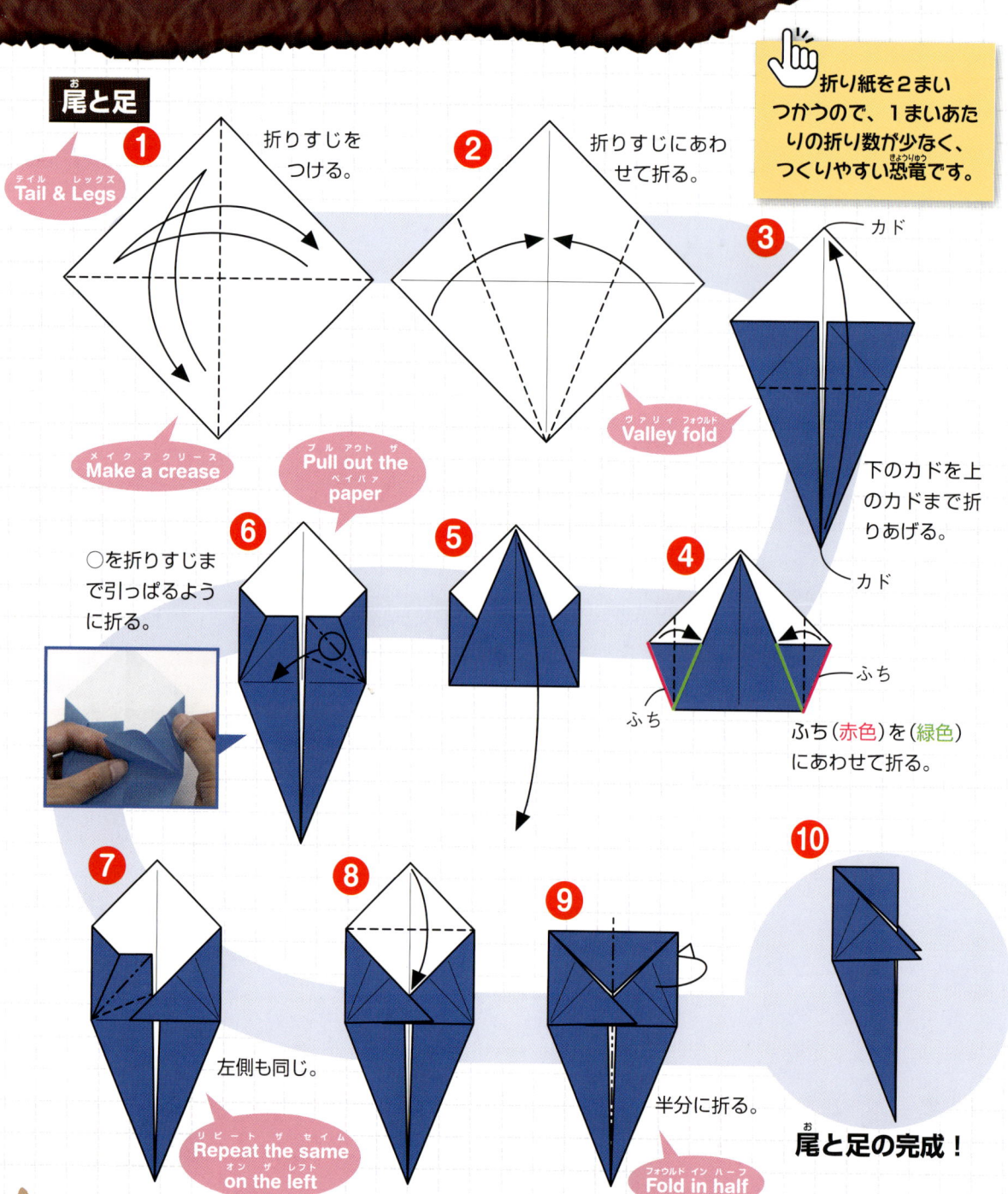

折り紙を2まいつかうので、1まいあたりの折り数が少なく、つくりやすい恐竜です。

## 尾と足
Tail & Legs

**1** 折りすじをつける。
Make a crease

**2** 折りすじにあわせて折る。

**3** カド　Valley fold　下のカドを上のカドまで折りあげる。　カド

**4** ふち　ふち　ふち（赤色）を（緑色）にあわせて折る。

**5**

**6** ○を折りすじまで引っぱるように折る。
Pull out the paper

**7** 左側も同じ。
Repeat the same on the left

**8**

**9** 半分に折る。
Fold in half

**10** 尾と足の完成！

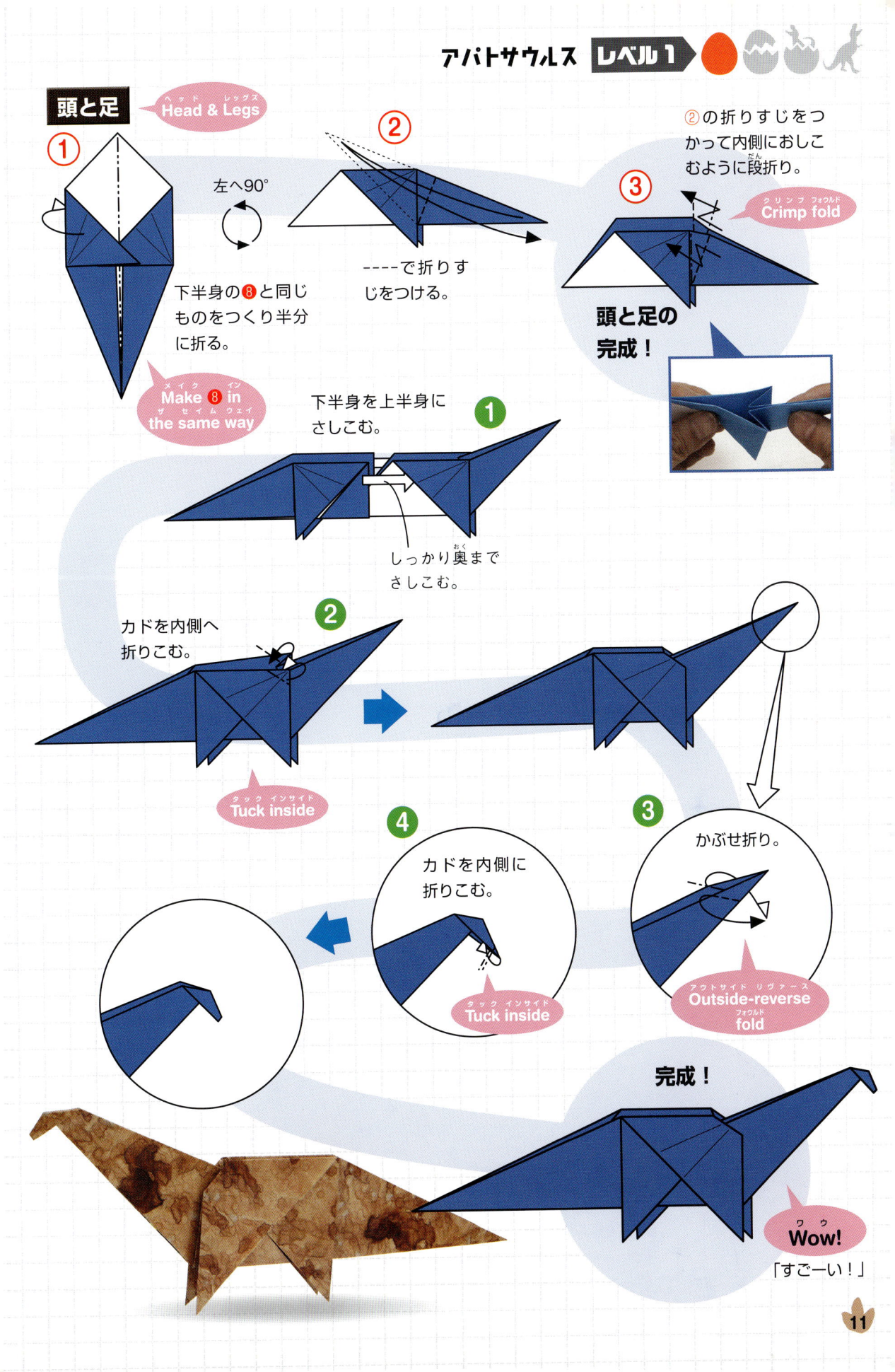

アパトサウルス レベル1

## 頭と足 Head & Legs

① 下半身の❽と同じものをつくり半分に折る。
Make ❽ in the same way

左へ90°

② ----で折りすじをつける。

③ ②の折りすじをつかって内側におしこむように段折り。
Crimp fold

頭と足の完成！

❶ 下半身を上半身にさしこむ。
しっかり奥までさしこむ。

❷ カドを内側へ折りこむ。
Tuck inside

❸ かぶせ折り。
Outside-reverse fold

❹ カドを内側に折りこむ。
Tuck inside

完成！
Wow!
「すごーい！」

11

# スーパーサウルス

くびの長い恐竜のなかでも最大級

SUPERSAURUS

つかう紙 1まい

- **種類** 竜盤目・竜脚形類
- **時代** ジュラ紀後期
- **全長** 約30m
- **発掘地** アメリカ
- **名前の意味** 特大のトカゲ
- **食べもの** 植物食
- **歩行** 4足
- **特徴** 長いくびに小さな頭、ムチのようによく動く長い尾が特徴。長いくびはまっすぐにはもちあがらず、ななめに保っていたと考えられている。

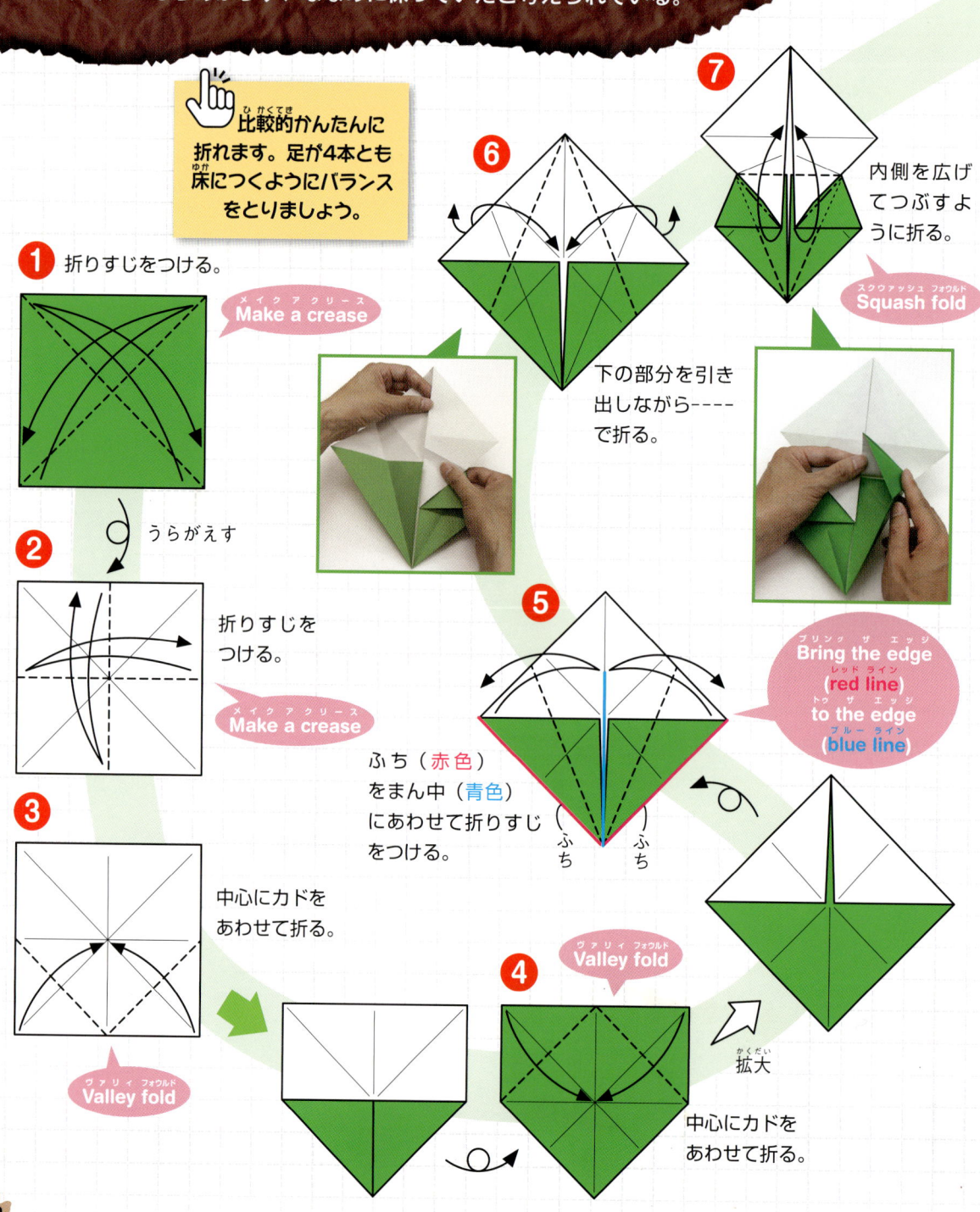

比較的かんたんに折れます。足が4本とも床につくようにバランスをとりましょう。

① 折りすじをつける。 Make a crease

② うらがえす 折りすじをつける。 Make a crease

③ 中心にカドをあわせて折る。 Valley fold

④ 中心にカドをあわせて折る。 Valley fold 拡大

⑤ ふち（赤色）をまん中（青色）にあわせて折りすじをつける。 Bring the edge (red line) to the edge (blue line)

⑥ 下の部分を引き出しながら----で折る。

⑦ 内側を広げてつぶすように折る。 Squash fold

12

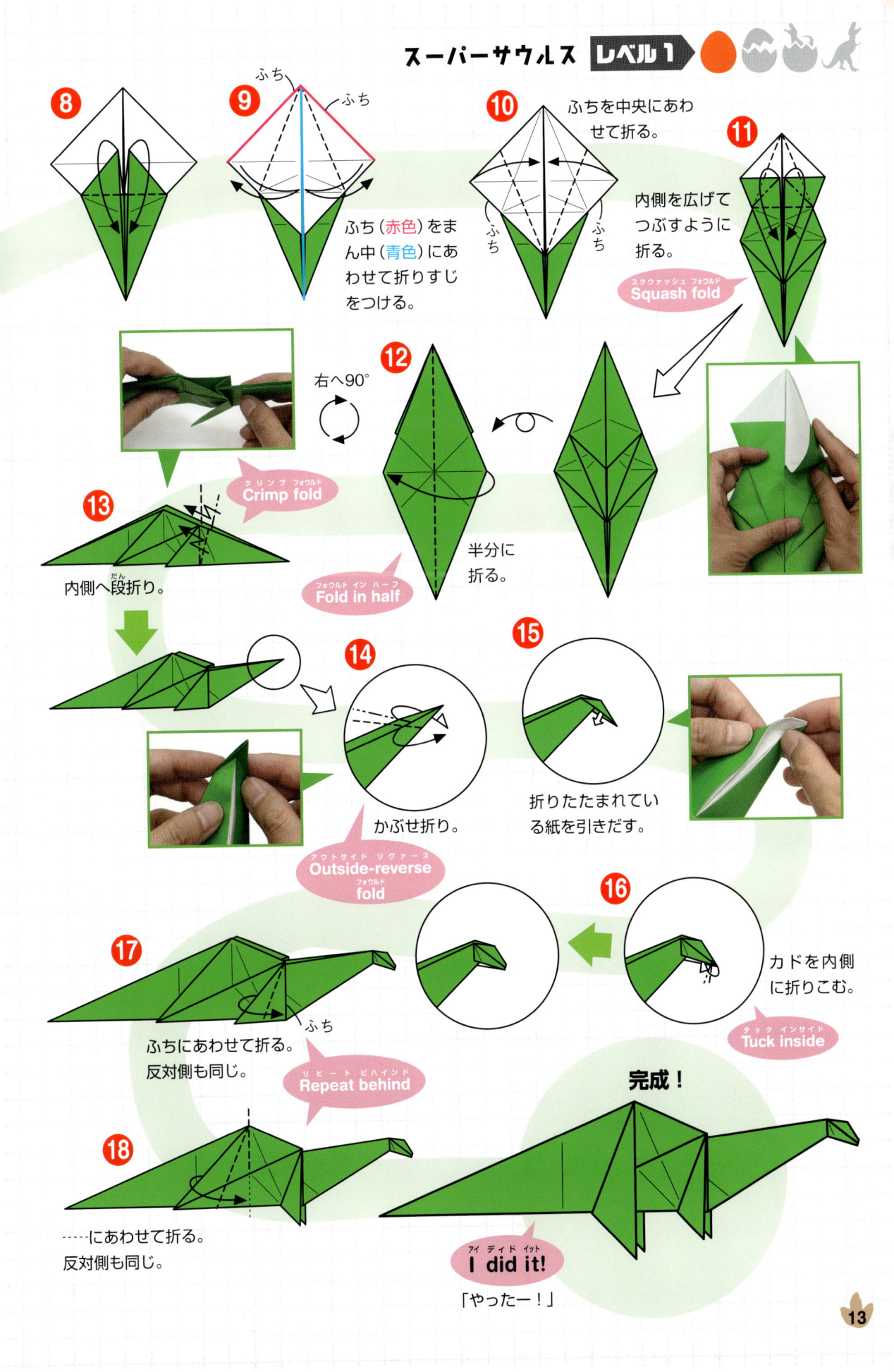

スーパーサウルス　レベル1

⑧

⑨ ふち　ふち
ふち（赤色）をまん中（青色）にあわせて折りすじをつける。

⑩ ふちを中央にあわせて折る。
ふち　ふち

⑪ 内側を広げてつぶすように折る。
Squash fold

⑫ 右へ90°
半分に折る。
Fold in half

⑬ 内側へ段折り。
Crimp fold

⑭ かぶせ折り。
Outside-reverse fold

⑮ 折りたたまれている紙を引きだす。

⑯ カドを内側に折りこむ。
Tuck inside

⑰ ふちにあわせて折る。反対側も同じ。
Repeat behind

⑱ ----にあわせて折る。反対側も同じ。

完成！
I did it!
「やったー！」

― みんなの人気者！ 恐竜の王者

# ティラノサウルス
## TYRANNOSAURUS

つかう紙 2まい

- 種類 竜盤目・獣脚類　時代 白亜紀後期　全長 約13m
- 発掘地 北アメリカ　名前の意味 暴君トカゲ　食べもの 肉食　歩行 2足
- 特徴 大きな頭をささえる太いくび、太くてするどい歯が特徴の大型肉食恐竜。前足は短く、指は2本。長い尾をもちあげてはやく走った。

### からだ Body

1. 折りすじをつける。

Make a crease

2. 折りすじをつける。

折り方があまり細かくならないように工夫しました。きちんと折れば、2本足で立ちますよ。

3. 右のカドを折りすじ（○）にあわせて折る。

折りすじ　カド Corner

Bring the corner to the circle（○）

4. ふちとふち（―）をあわせて折る。

ふち

5. ふちを折りすじ（‥‥）にあわせて ---- で折る。

ふち

6. 上のカドを下のカドにあわせて折る。

拡大

7. ふちとふち（―）をあわせて折る。

Valley fold

ティラノサウルス レベル2

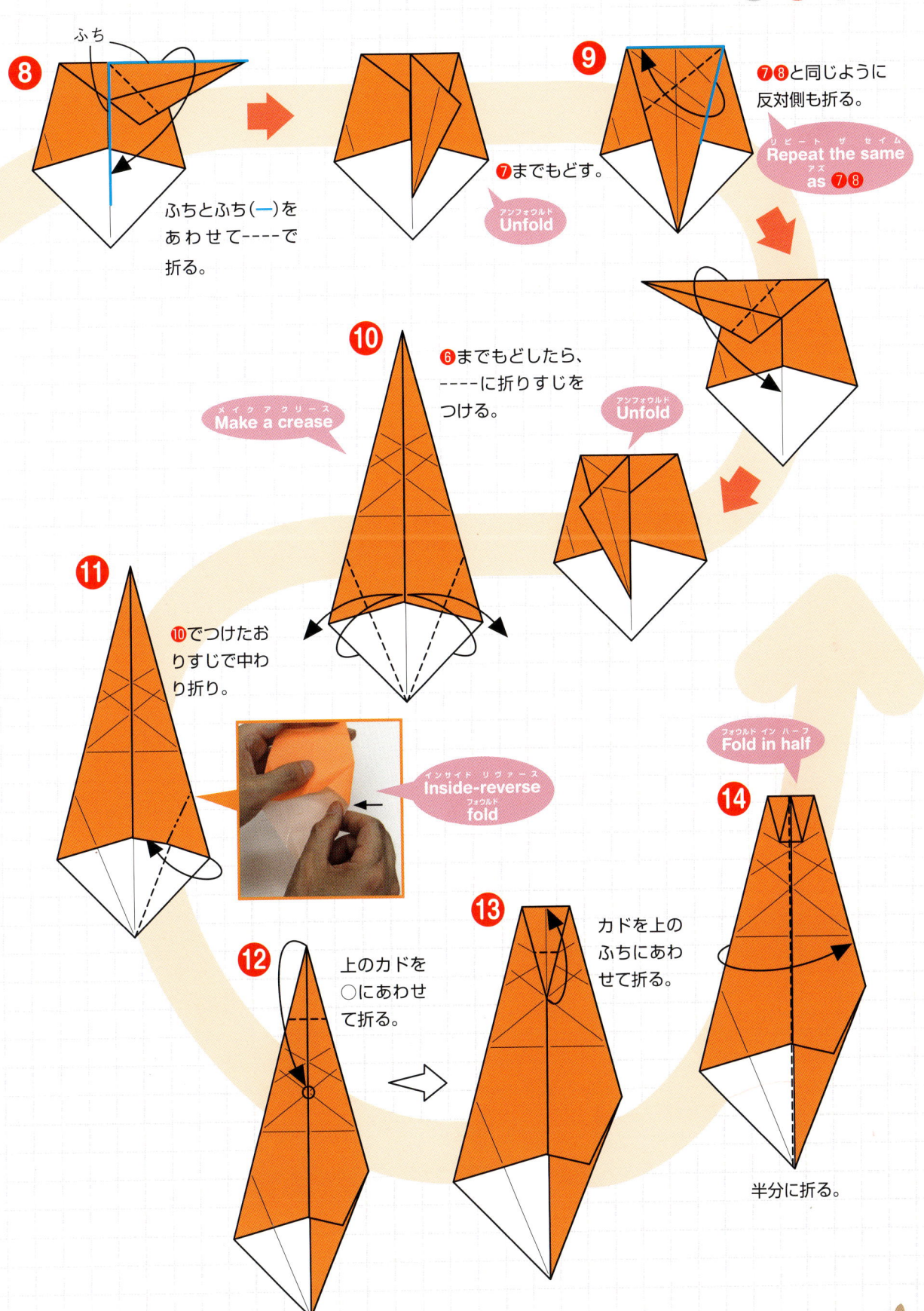

❽ ふち / ふちとふち（一）をあわせて----で折る。

❼までもどす。 Unfold

❾ ❼❽と同じように反対側も折る。 Repeat the same as ❼❽

❿ ❻までもどしたら、----に折りすじをつける。 Make a crease Unfold

⓫ ❿でつけたおりすじで中わり折り。 Inside-reverse fold

⓬ 上のカドを○にあわせて折る。

⓭ カドを上のふちにあわせて折る。

⓮ Fold in half / 半分に折る。

15

⑮

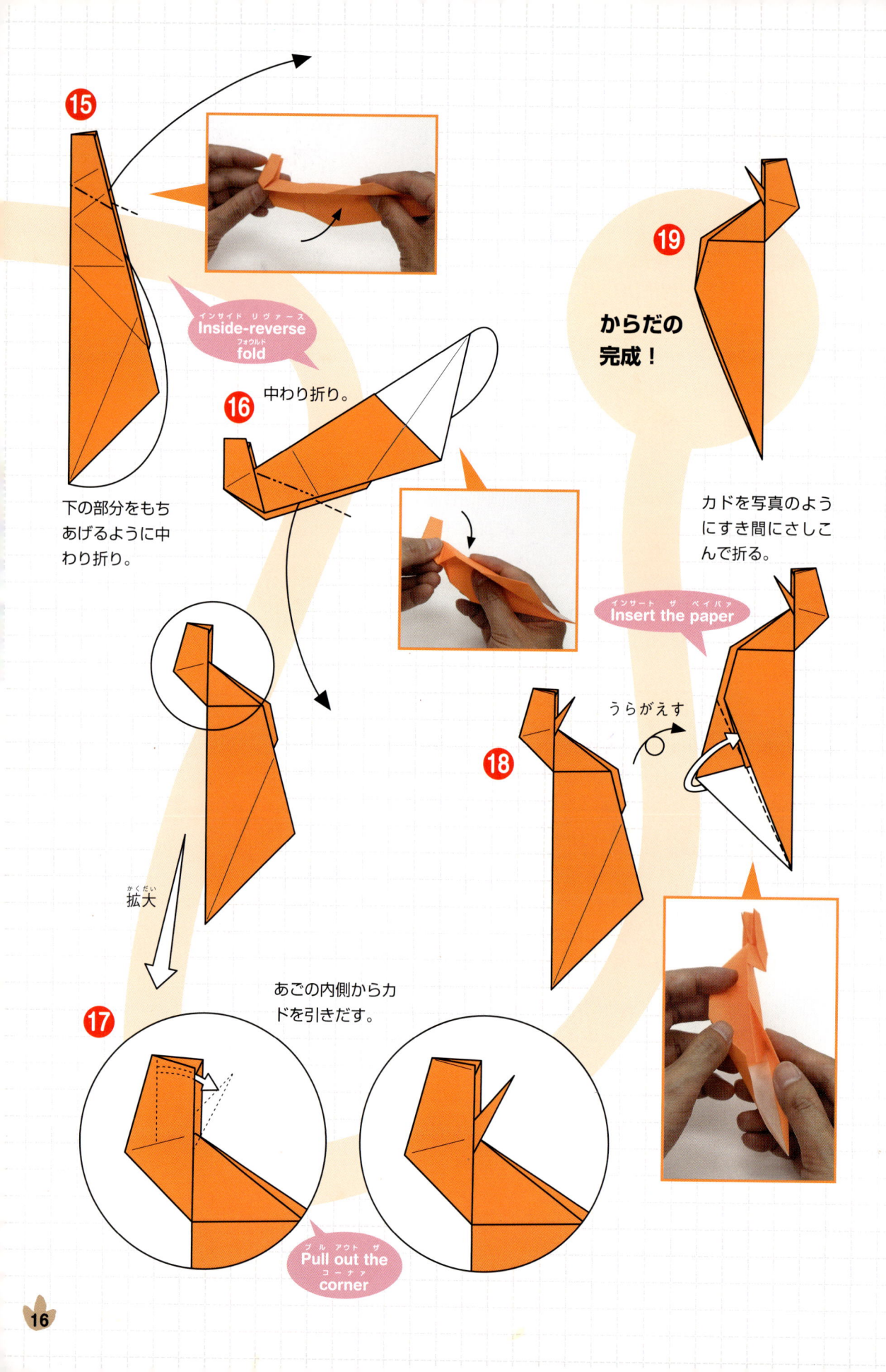

Inside-reverse fold

下の部分をもち
あげるように中
わり折り。

⑯ 中わり折り。

拡大

⑰

あごの内側からカ
ドを引きだす。

Pull out the corner

⑱

うらがえす

⑲ からだの完成！

カドを写真のよう
にすき間にさしこ
んで折る。

Insert the paper

16

ティラノサウルス レベル2

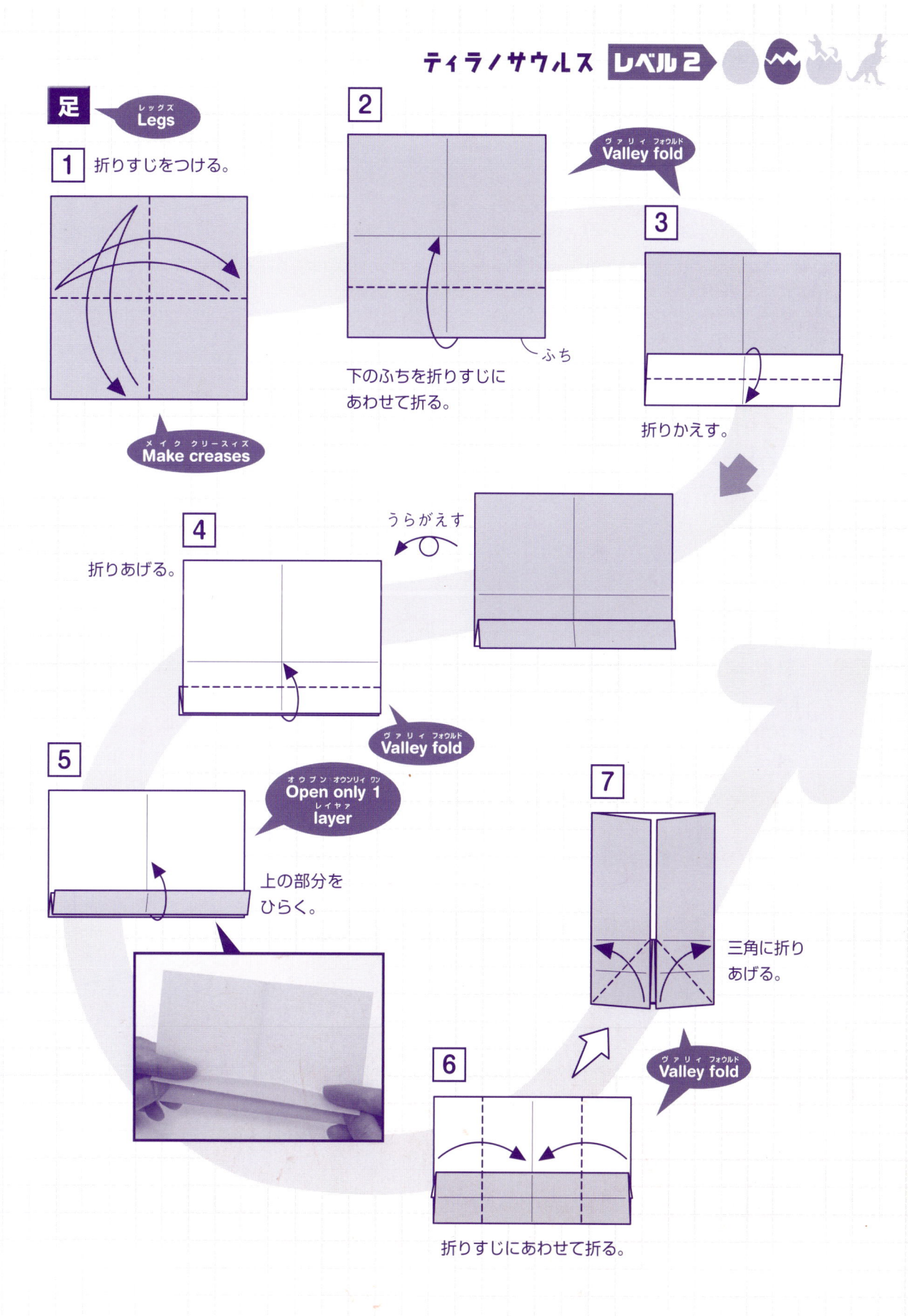

## 足 Legs

**1** 折りすじをつける。

Make creases

**2** Valley fold

下のふちを折りすじにあわせて折る。

ふち

**3** 折りかえす。

うらがえす

**4** 折りあげる。

Valley fold

Open only 1 layer

**5** 上の部分をひらく。

**6** 折りすじにあわせて折る。

**7** 三角に折りあげる。

Valley fold

17

8

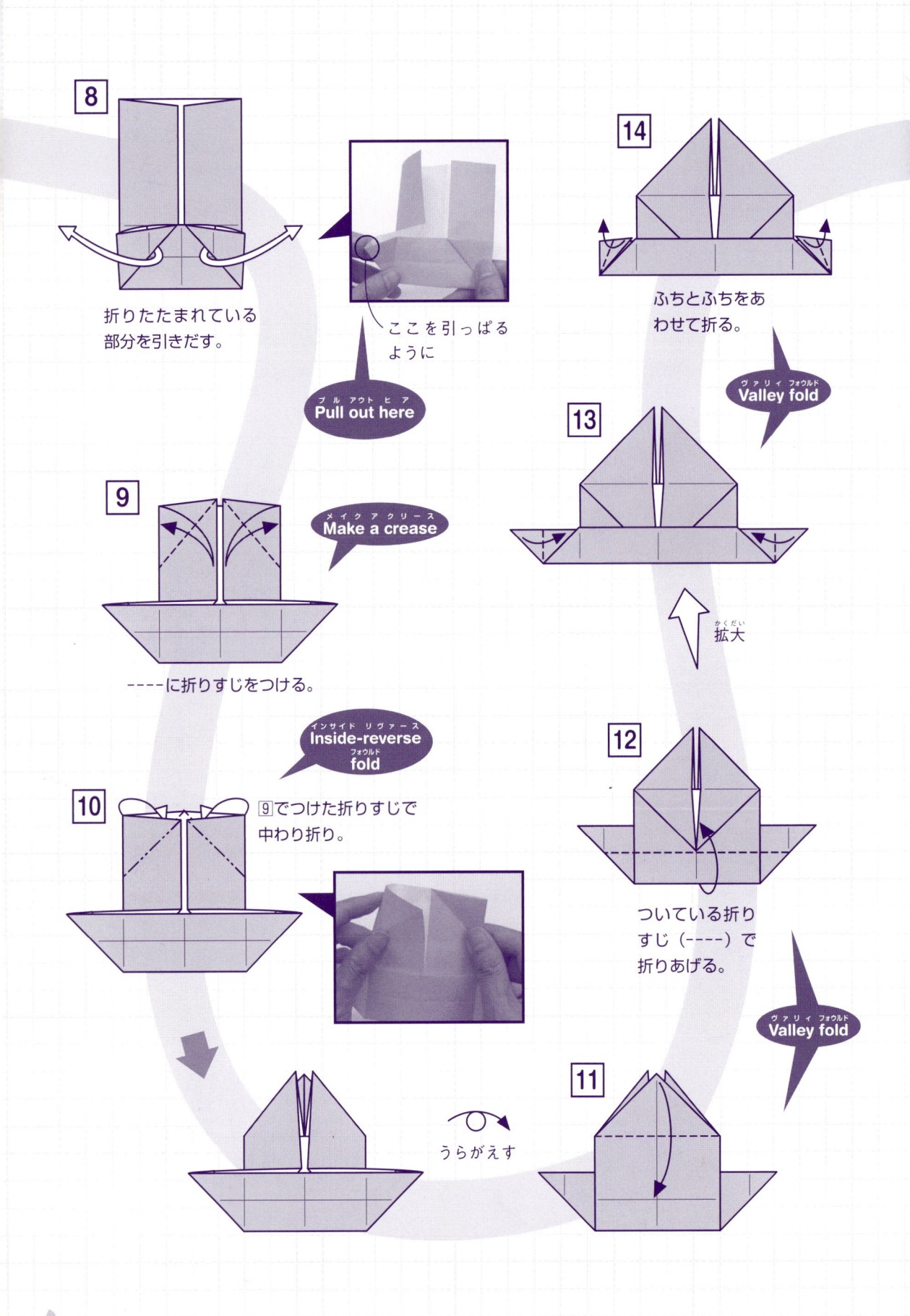

折りたたまれている部分を引きだす。

ここを引っぱるように

**Pull out here**

9

----に折りすじをつける。

**Make a crease**

10

⑨でつけた折りすじで中わり折り。

**Inside-reverse fold**

14

ふちとふちをあわせて折る。

**Valley fold**

13

拡大

12

ついている折りすじ（----）で折りあげる。

**Valley fold**

11

うらがえす

18

ティラノサウルス レベル2

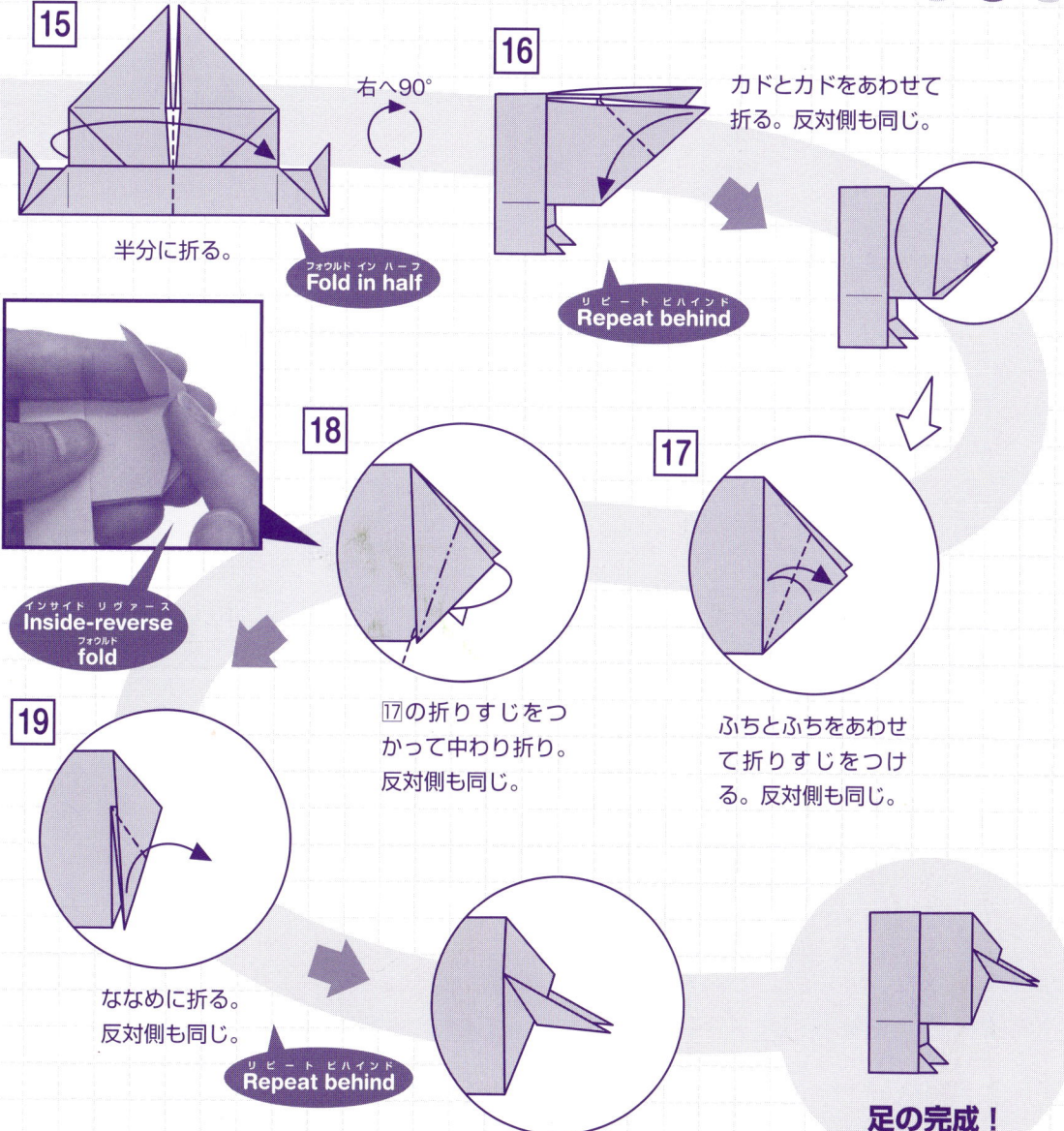

**15** 半分に折る。
Fold in half

右へ90°

**16** カドとカドをあわせて折る。反対側も同じ。
Repeat behind

Inside-reverse fold

**18** 17の折りすじをつかって中わり折り。反対側も同じ。

**17** ふちとふちをあわせて折りすじをつける。反対側も同じ。

**19** ななめに折る。反対側も同じ。
Repeat behind

足の完成！

## 前足をもっとかっこよく！

18で中わり折りをしたあと、つぎのように折りすすめると、前足がもっとかっこよくなります。

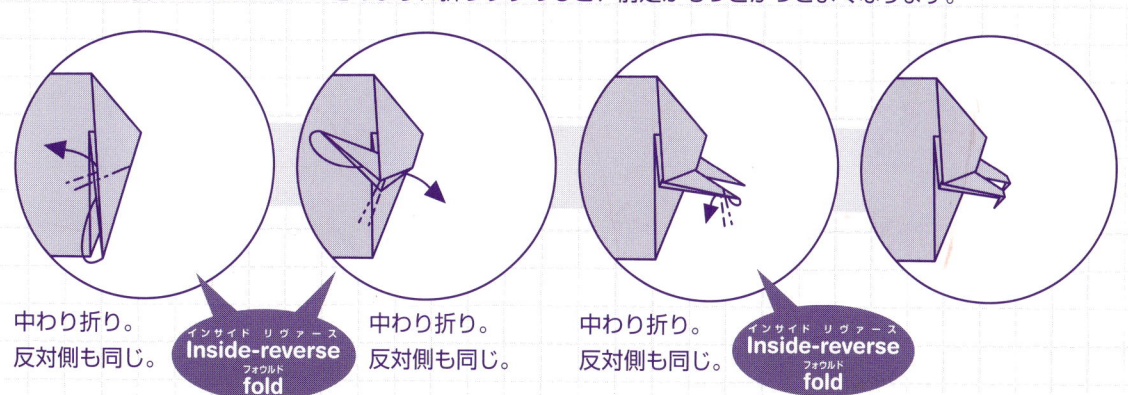

中わり折り。反対側も同じ。
Inside-reverse fold

中わり折り。反対側も同じ。

中わり折り。反対側も同じ。
Inside-reverse fold

ティラノサウルス レベル2

合体!

1
Open
開く。

○の部分があうように、足にからだを乗せる。

2
足のカドをからだのすき間に折りこむ。
Tuck inside

3
Fold in half

4
2と同じように、足のカドをからだのすき間に折りこむ。
Tuck inside

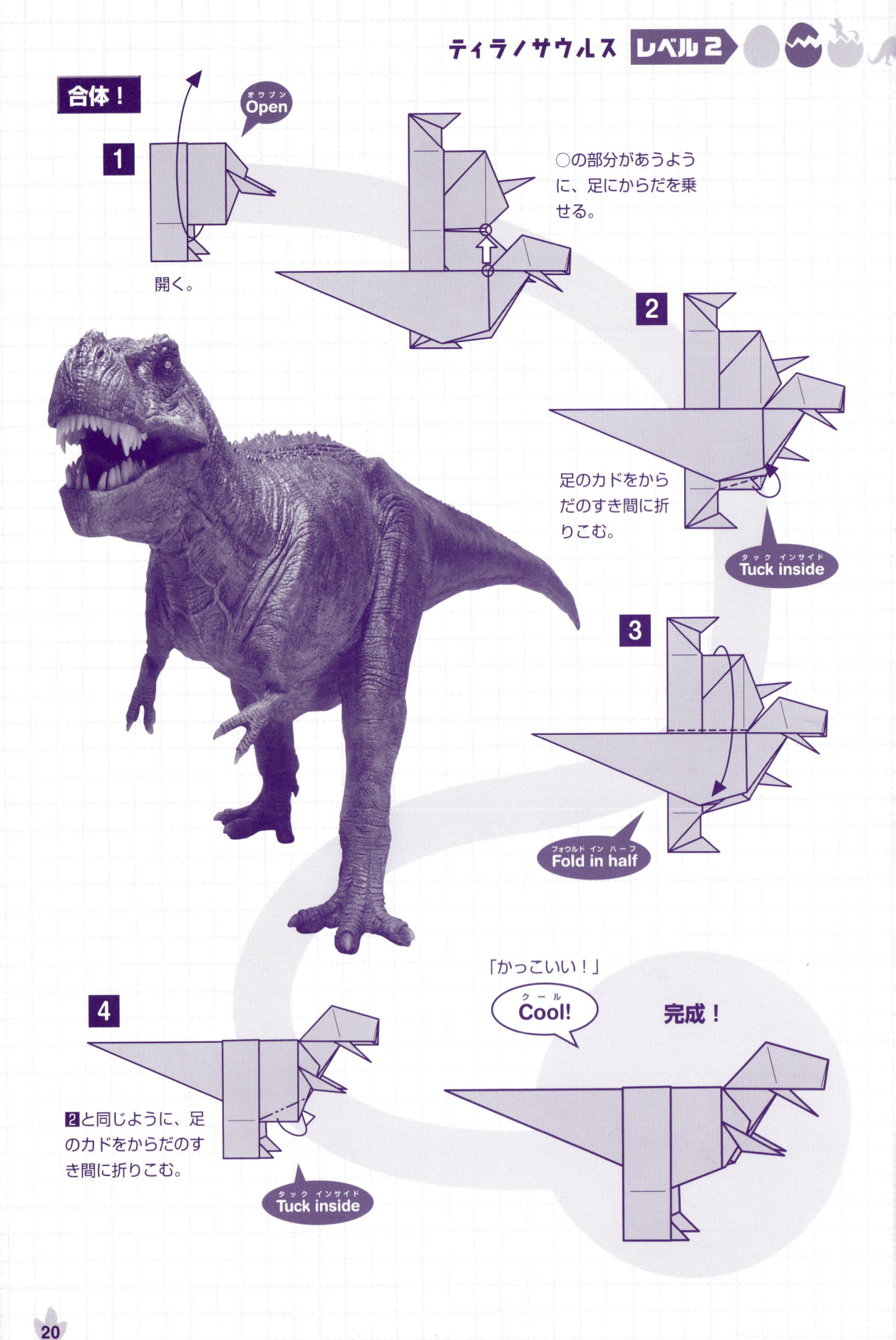

「かっこいい!」
Cool!
完成!

## 恐竜コラム

## 恐竜の姿はどうしてわかる？

恐竜は、人類が地球に生まれるずっと前に絶滅した生きものです。わたしたちは、そんなに大昔の生きものたちの姿を、どうして知ることができるのでしょう？

### ■同じ恐竜なのに？

　ティラノサウルスは、後ろ足が太く立派な、最大級の肉食恐竜です。尾をピンとのばし、大きな頭とのバランスをとっていました。左ページの折り紙のティラノサウルスも、後ろ足が太く、尾があがっています。

　ところが昔の模型などを見てみると、ティラノサウルスは尾を引きずるようにしています。はやくは走れず、おもに死体を食べていたと考えられていたからです。どうして考えがかわったのでしょうか？　それは、ティラノサウルスの「化石」が見つかることで、本当の姿がわかってきたからです。

昔考えられていたティラノサウルスの姿。尾を引きずっている。

現在考えられているティラノサウルスの姿。

### ■化石と恐竜

　わたしたちが恐竜の姿を知ることができるのは化石のおかげです。1822年にイギリスのマンテル夫妻が発見した化石が、絶滅した巨大な爬虫類（イグアノドン）の歯の化石だとわかり、それ以降、世界じゅうで恐竜の化石が発見されてきたのです。

　からだの一部の化石しか見つからない場合も、恐竜学者たちは、複数の発掘地から見つかった化石を組みあわせたり、ほかの生物の骨格とくらべたりしながら、その恐竜がどんな姿をしていたかを研究します。また、化石となるのはほとんどが骨のため、皮ふの色や筋肉のつき方については、ほかの生物を参考にしたり、コンピュータをつかったりして予想します。つまり多くの化石が見つかったり、研究技術が進歩したりすることで、恐竜模型の姿もかわってくるのです。

　現在、ティラノサウルスはほぼ全身の骨格が見つかっています。いまティラノサウルスとして知られている姿は、かぎりなくじっさいの姿に近いのかもしれませんね。

日本の高校生が発見したくび長竜

# フタバサウルス
## FUTABASAURUS

つかう紙 2まい

| 種類 | 爬虫類・くび長竜 | 時代 | 白亜紀後期 | 全長 | 約7m |

発掘地 日本・福島県いわき市　名前の意味 双葉（という地層の）トカゲ
食べもの 海中の魚など　特徴 恐竜と同時代に生きた爬虫類。目と鼻の穴がはなれている。以前はフタバスズキリュウとよばれていた。

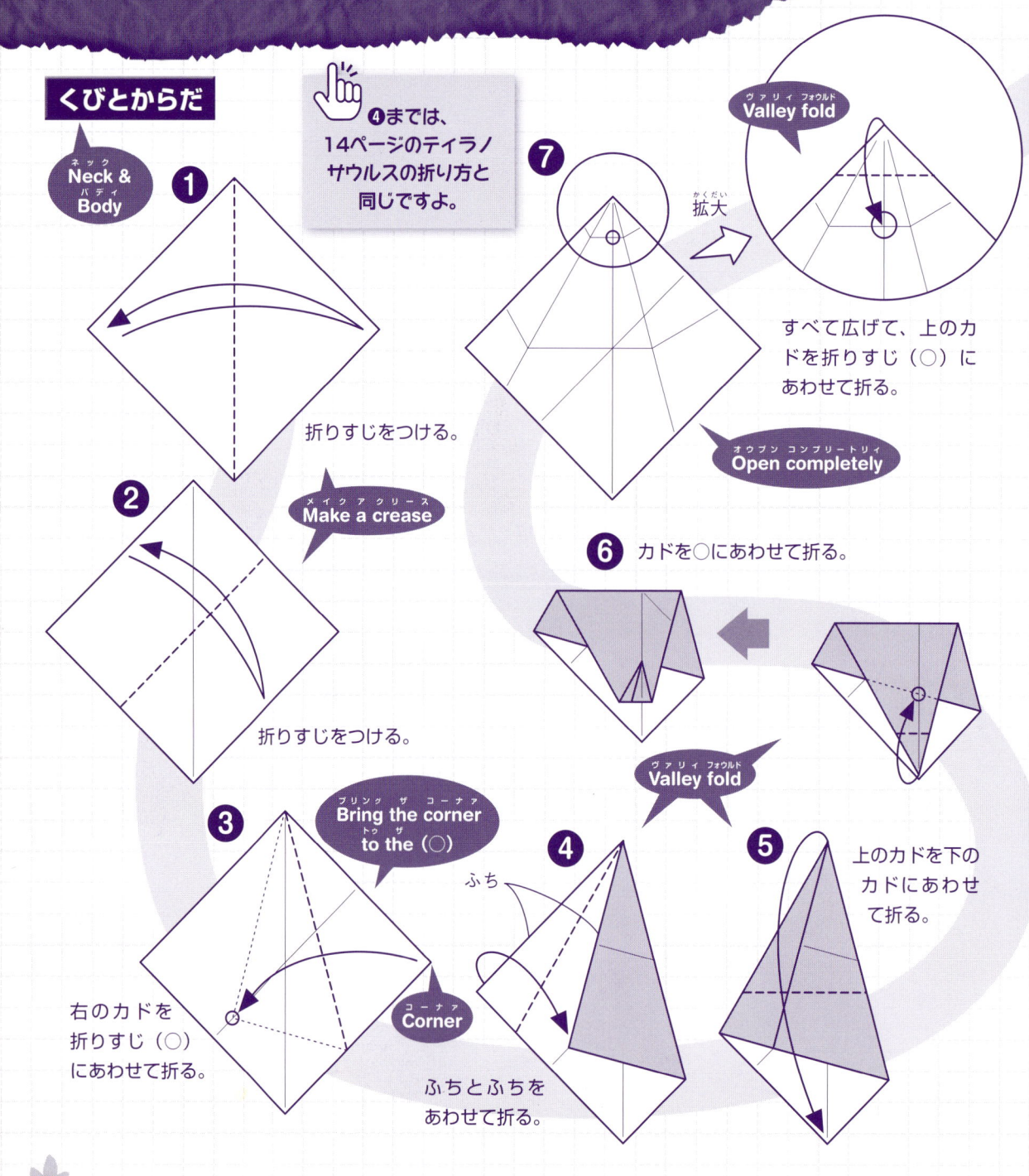

## くびとからだ
Neck & Body

❹までは、14ページのティラノサウルスの折り方と同じですよ。

**1** 折りすじをつける。

**2** 折りすじをつける。 Make a crease

**3** 右のカドを折りすじ（○）にあわせて折る。 Bring the corner to the (○)

**4** ふちとふちをあわせて折る。 ふち / Corner

**5** 上のカドを下のカドにあわせて折る。 Valley fold

**6** カドを○にあわせて折る。 Valley fold

**7** すべて広げて、上のカドを折りすじ（○）にあわせて折る。 拡大 / Open completely / Valley fold

フタバサウルス レベル2

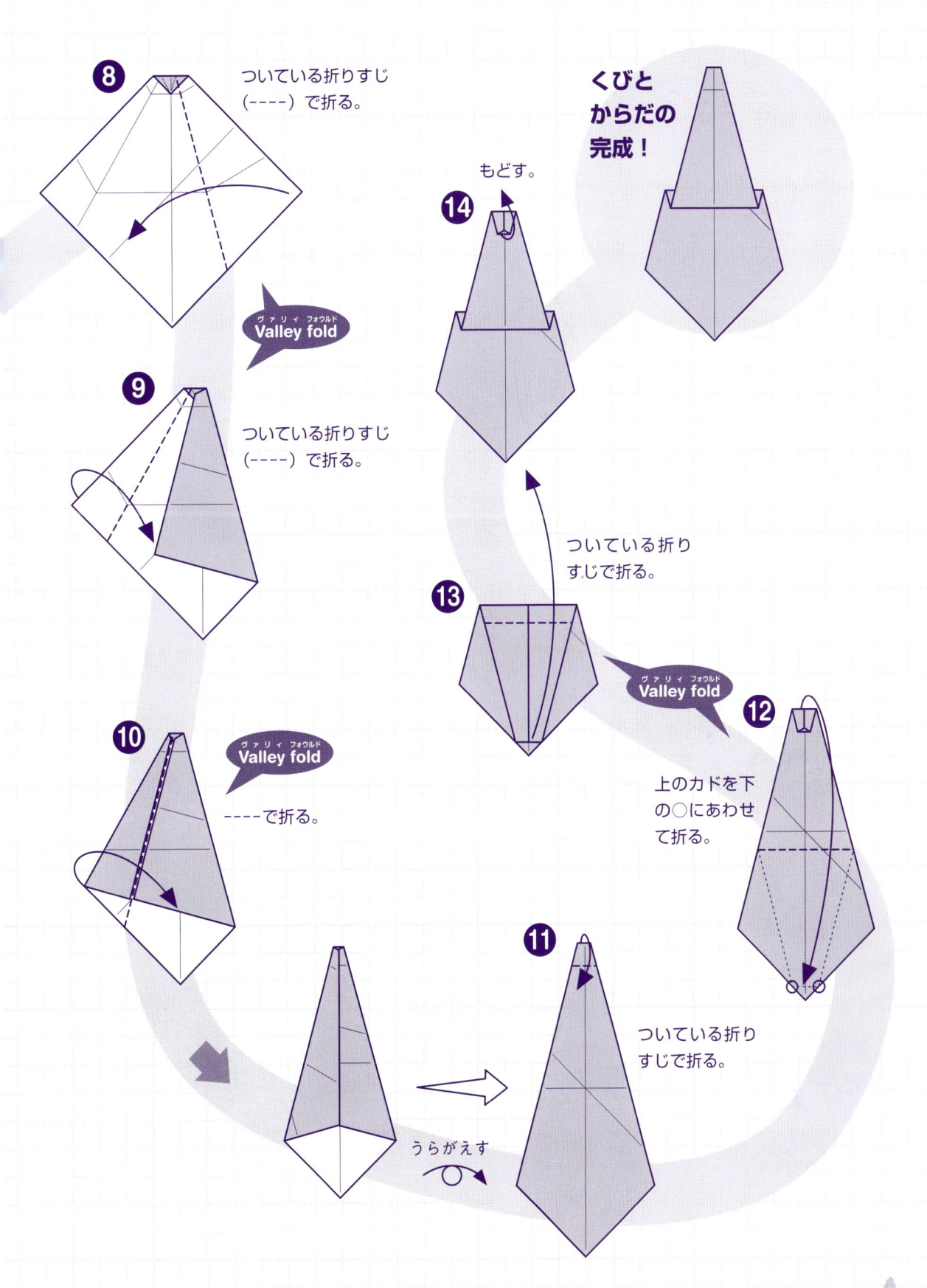

⑧ ついている折りすじ（----）で折る。

Valley fold

⑨ ついている折りすじ（----）で折る。

⑩ Valley fold
----で折る。

⑪ ついている折りすじで折る。

うらがえす

⑫ 上のカドを下の○にあわせて折る。

Valley fold

⑬ ついている折りすじで折る。

⑭ もどす。

くびとからだの完成！

## ひれ Fins

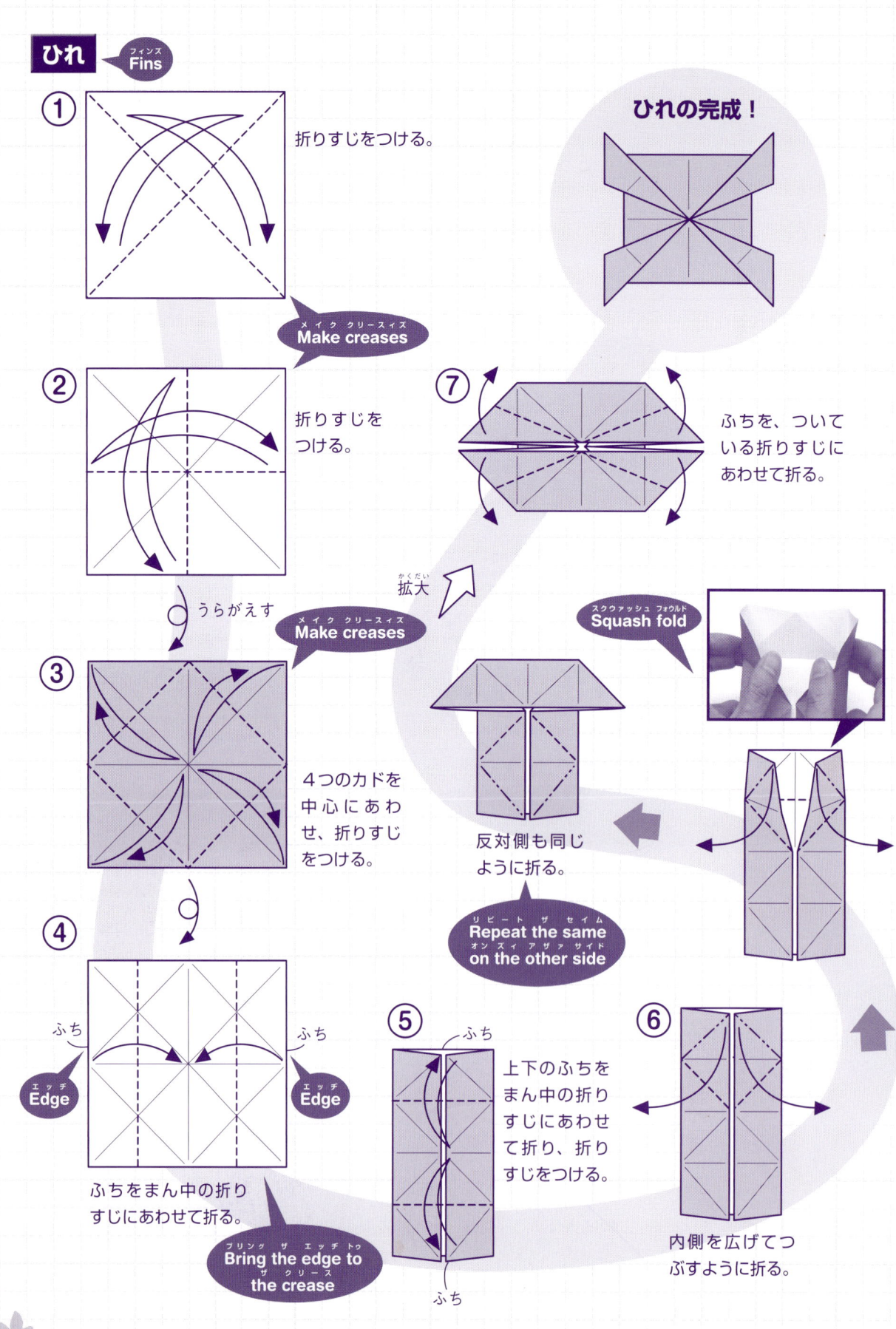

**ひれの完成！**

① 折りすじをつける。
**Make creases**

② 折りすじをつける。

うらがえす

③ 4つのカドを中心にあわせ、折りすじをつける。
**Make creases**

④ ふち / ふち
**Edge**
ふちをまん中の折りすじにあわせて折る。
**Bring the edge to the crease**

⑤ ふち / ふち
上下のふちをまん中の折りすじにあわせて折り、折りすじをつける。

⑥ 内側を広げてつぶすように折る。

拡大

⑦ ふちを、ついている折りすじにあわせて折る。

**Squash fold**

反対側も同じように折る。
**Repeat the same on the other side**

## フタバサウルス レベル2

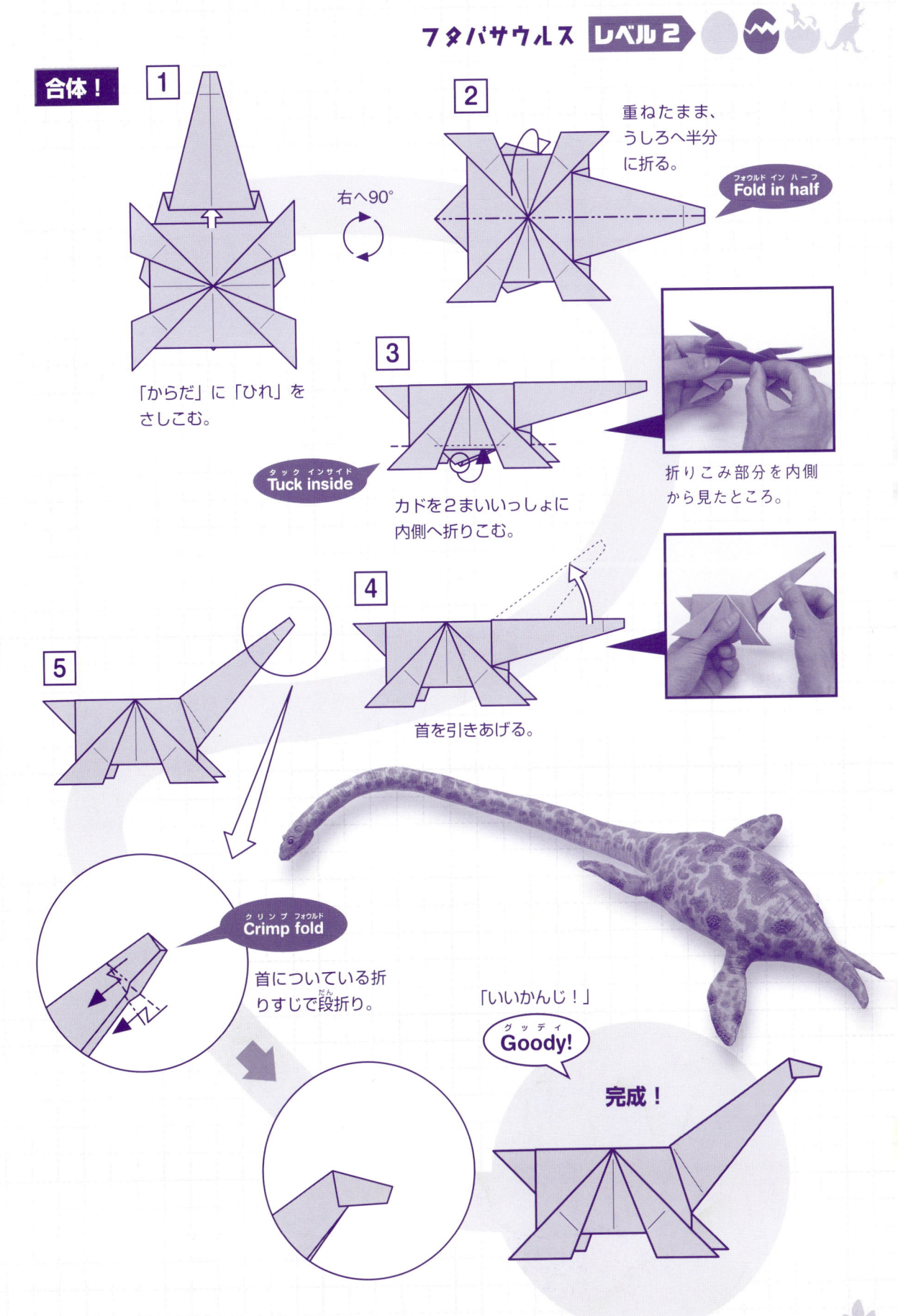

**合体！**

1. 「からだ」に「ひれ」をさしこむ。

右へ90°

2. 重ねたまま、うしろへ半分に折る。

Fold in half

3. カドを2まいいっしょに内側へ折りこむ。

Tuck inside

折りこみ部分を内側から見たところ。

4. 首を引きあげる。

5. 

Crimp fold

首についている折りすじで段折り。

「いいかんじ！」

Goody!

完成！

## 空飛ぶ爬虫類・翼竜の代表格
# プテラノドン
PTERANODON

つかう紙 3まい

| 種類 | 翼竜類 | 時代 | 白亜紀後期 | 全長 | 7〜9m |

発掘地 北アメリカ、イギリス　名前の意味 歯のない翼　食べもの 雑食
特徴 とさかのような長い突起が特徴の翼竜。歯はなく、長いくちばしで魚などをすくいとって飲みこんだ。

**頭 Head**

❶ 折りすじをつける。

❷ うらがえす　Make creases

❸ Valley fold

❹ Squash fold　内側を広げてつぶすように折る。

❺ ❹と同じように折る。　Repeat behind

❻ ふちを折りすじにあわせて、----に折りすじをつける。　拡大

❼ 反対側も❻❼と同じように折る。

翼は左右対称です。2つならべて、少しずつ同時進行で折るとやりやすいですよ。

内側を広げてつぶすように折る。　Squash fold

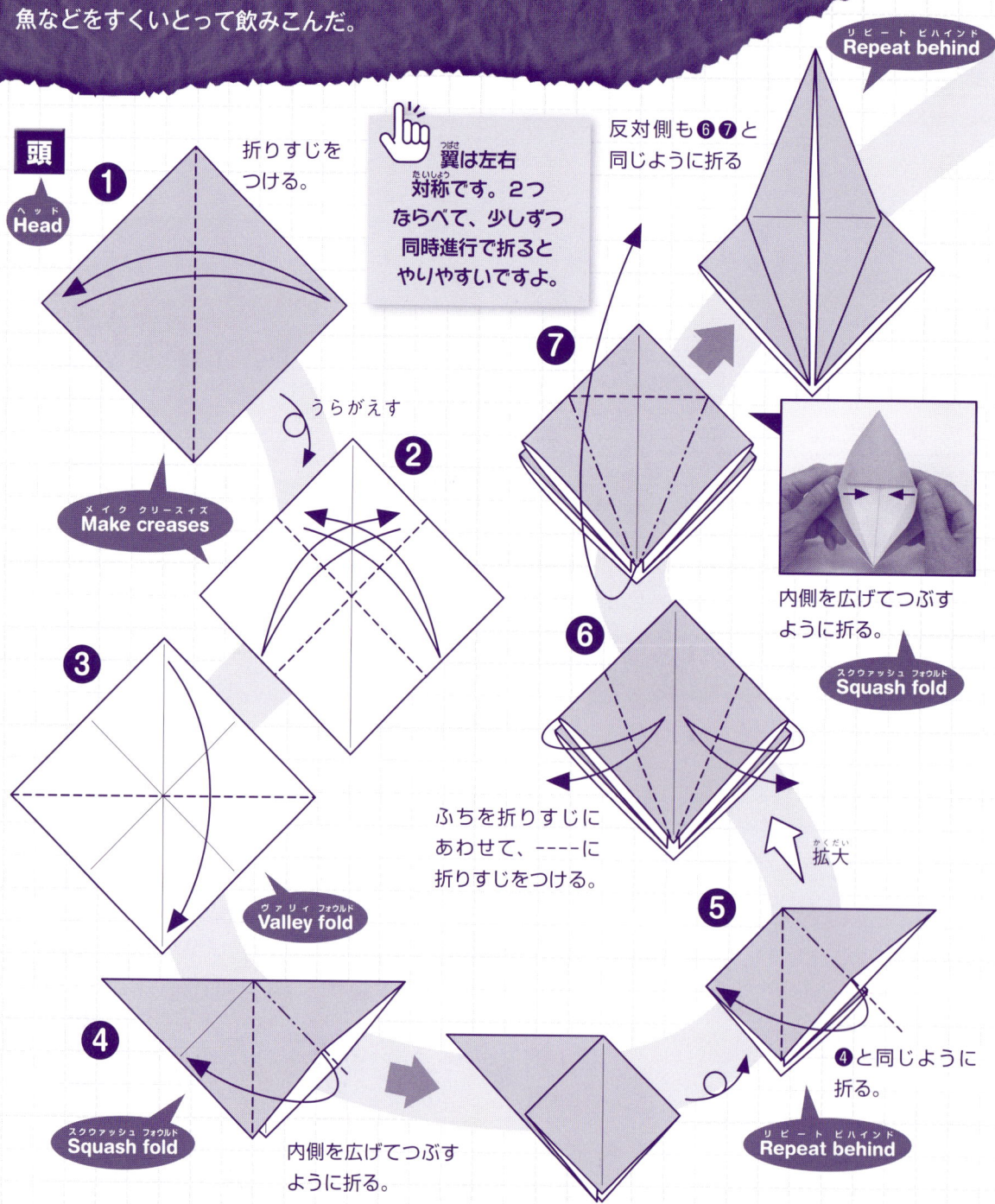

Repeat behind

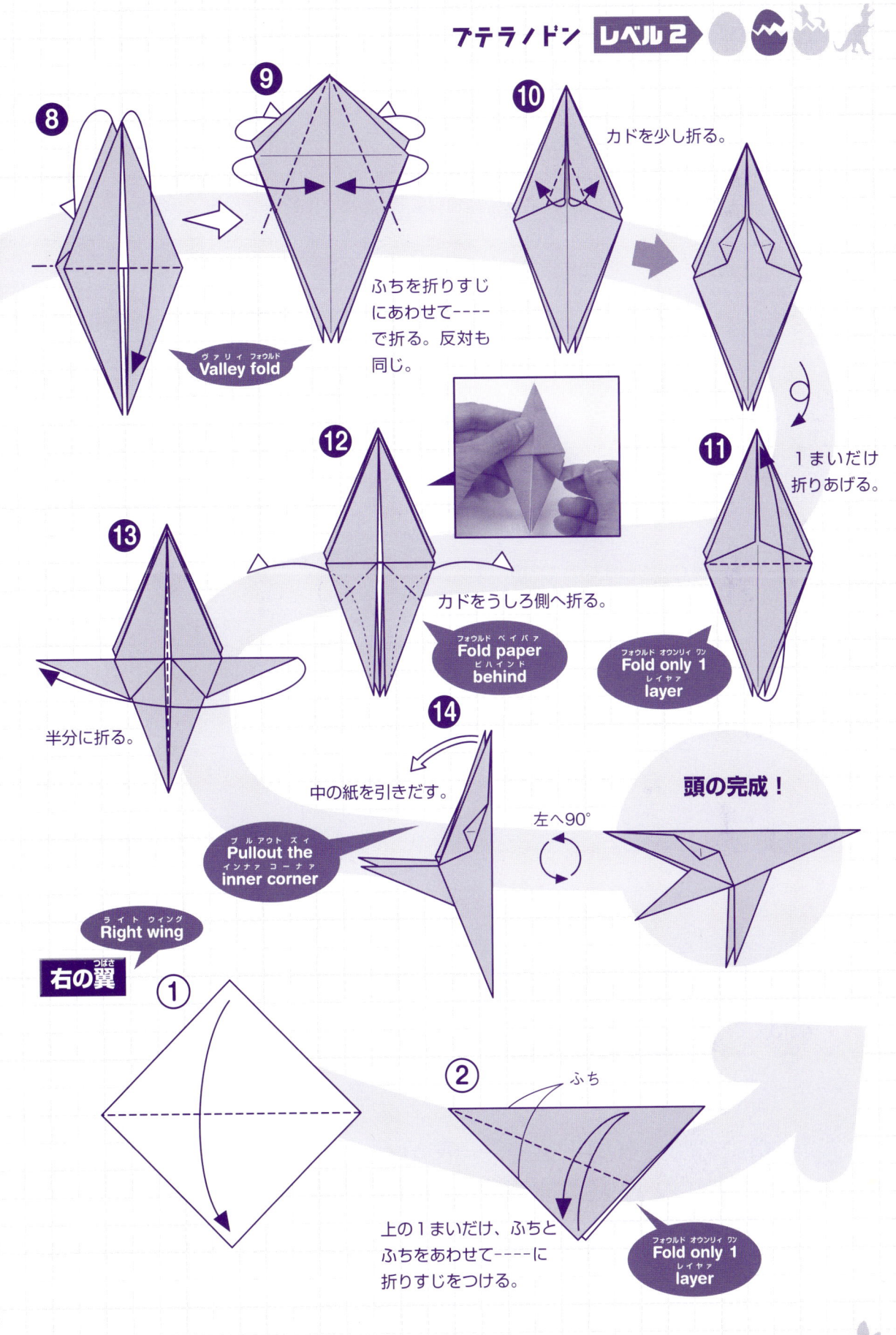

プテラノドン レベル2

**8**

**9** Valley fold

ふちを折りすじにあわせて----で折る。反対も同じ。

**10** カドを少し折る。

**11** 1まいだけ折りあげる。 Fold only 1 layer

**12** カドをうしろ側へ折る。 Fold paper behind

**13** 半分に折る。

**14** 中の紙を引きだす。 Pullout the inner corner

左へ90°

頭の完成！

**右の翼** Right wing

**①**

**②** ふち

上の1まいだけ、ふちとふちをあわせて----に折りすじをつける。 Fold only 1 layer

27

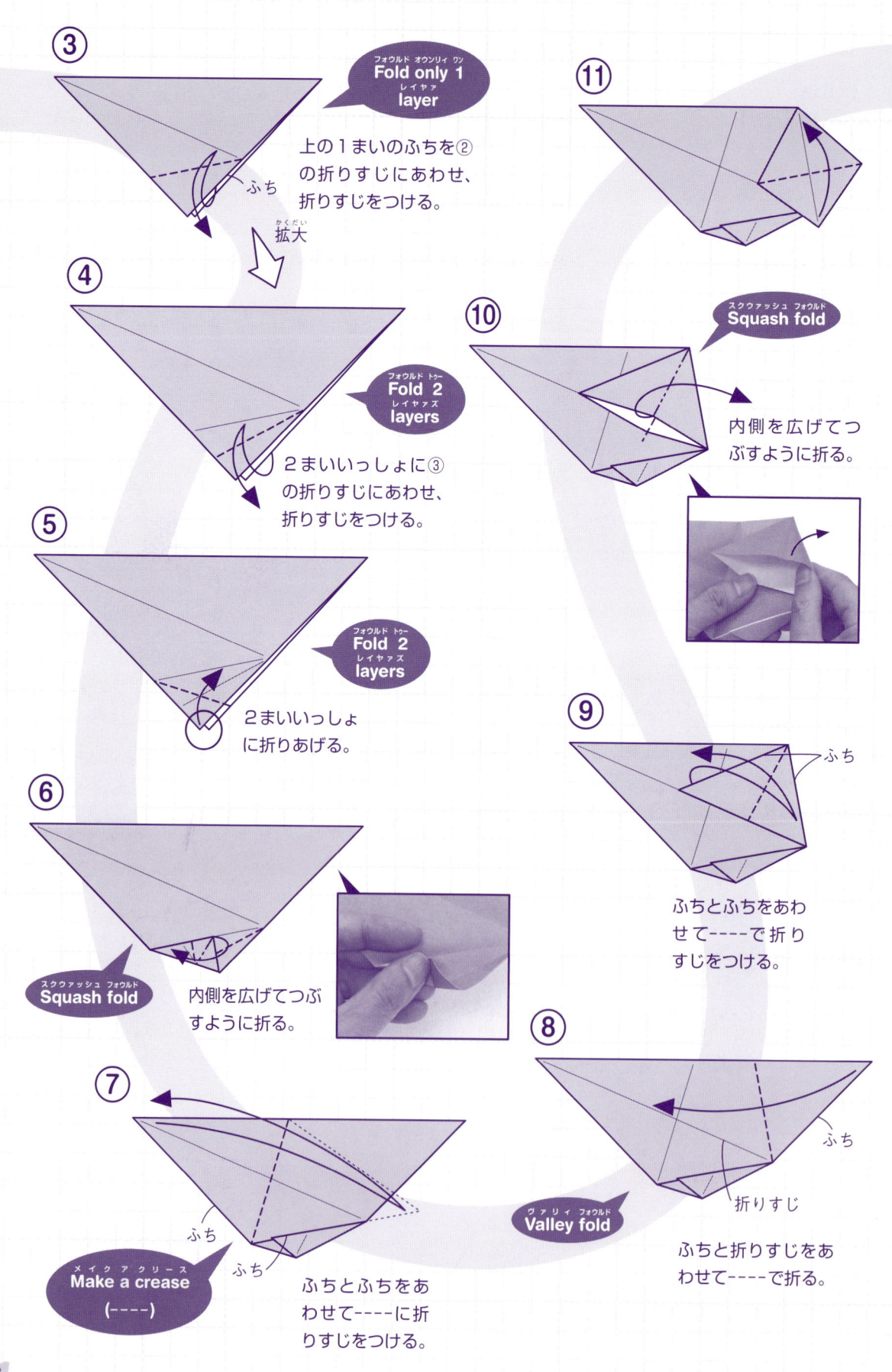

③ **Fold only 1 layer**

上の1まいのふちを②の折りすじにあわせ、折りすじをつける。

ふち

拡大

④ **Fold 2 layers**

2まいいっしょに③の折りすじにあわせ、折りすじをつける。

⑤ **Fold 2 layers**

2まいいっしょに折りあげる。

⑥ **Squash fold**

内側を広げてつぶすように折る。

⑦ **Make a crease (----)**

ふち
ふち

ふちとふちをあわせて----に折りすじをつける。

⑧ **Valley fold**

ふち
折りすじ

ふちと折りすじをあわせて----で折る。

⑨

ふち

ふちとふちをあわせて----で折りすじをつける。

⑩ **Squash fold**

内側を広げてつぶすように折る。

⑪

28

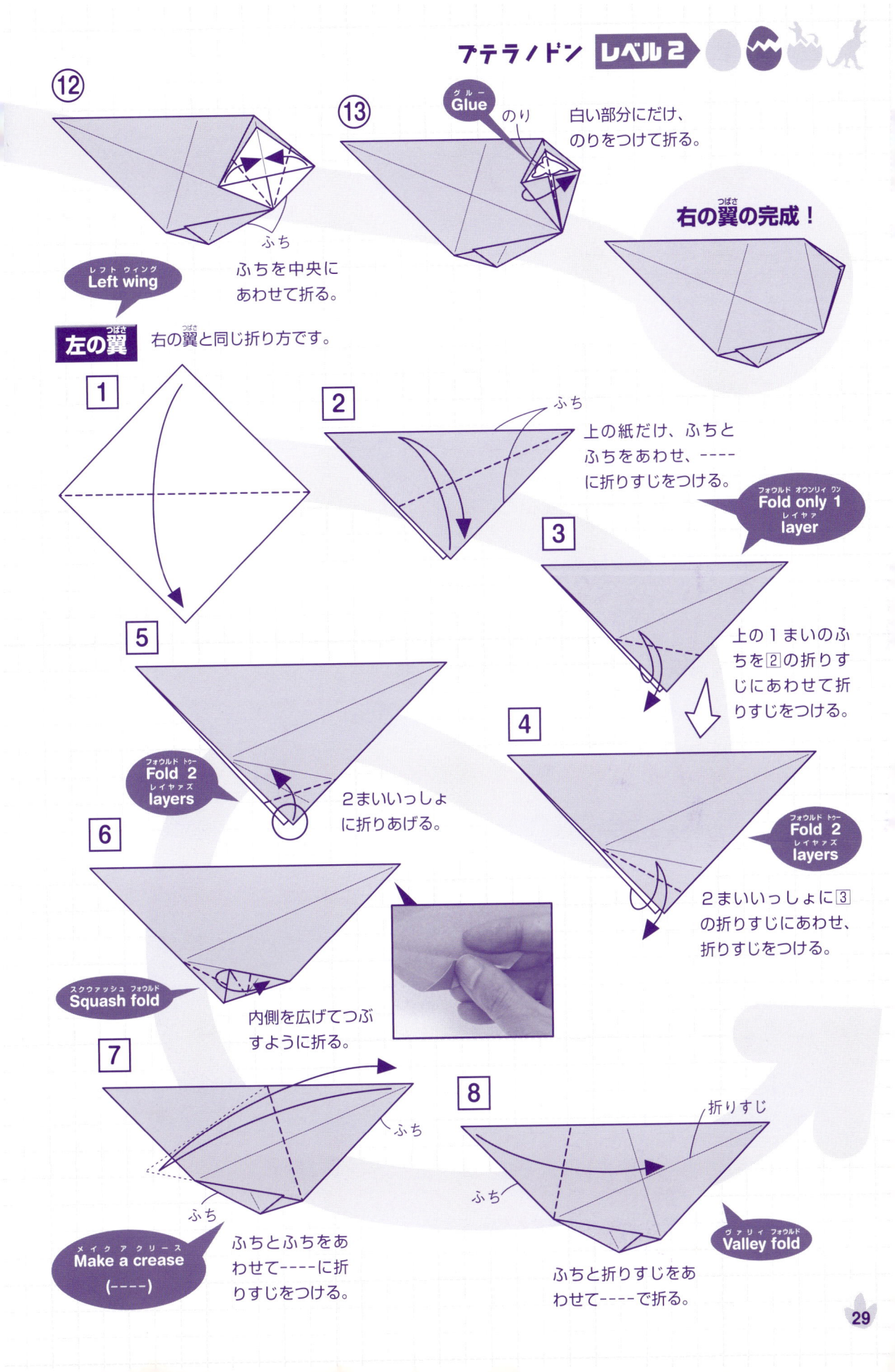

プテラノドン レベル2

⑫ Left wing
ふちを中央にあわせて折る。

⑬ Glue のり
白い部分にだけ、のりをつけて折る。

右の翼の完成！

左の翼
右の翼と同じ折り方です。

1

2 ふち
上の紙だけ、ふちとふちをあわせ、----に折りすじをつける。
Fold only 1 layer

3
上の1まいのふちを2の折りすじにあわせて折りすじをつける。

4 Fold 2 layers
2まいいっしょに3の折りすじにあわせ、折りすじをつける。

5 Fold 2 layers
2まいいっしょに折りあげる。

6 Squash fold
内側を広げてつぶすように折る。

7 Make a crease (----)
ふちとふちをあわせて----に折りすじをつける。

8 折りすじ ふち
ふちと折りすじをあわせて----で折る。
Valley fold

プテラノドン レベル2

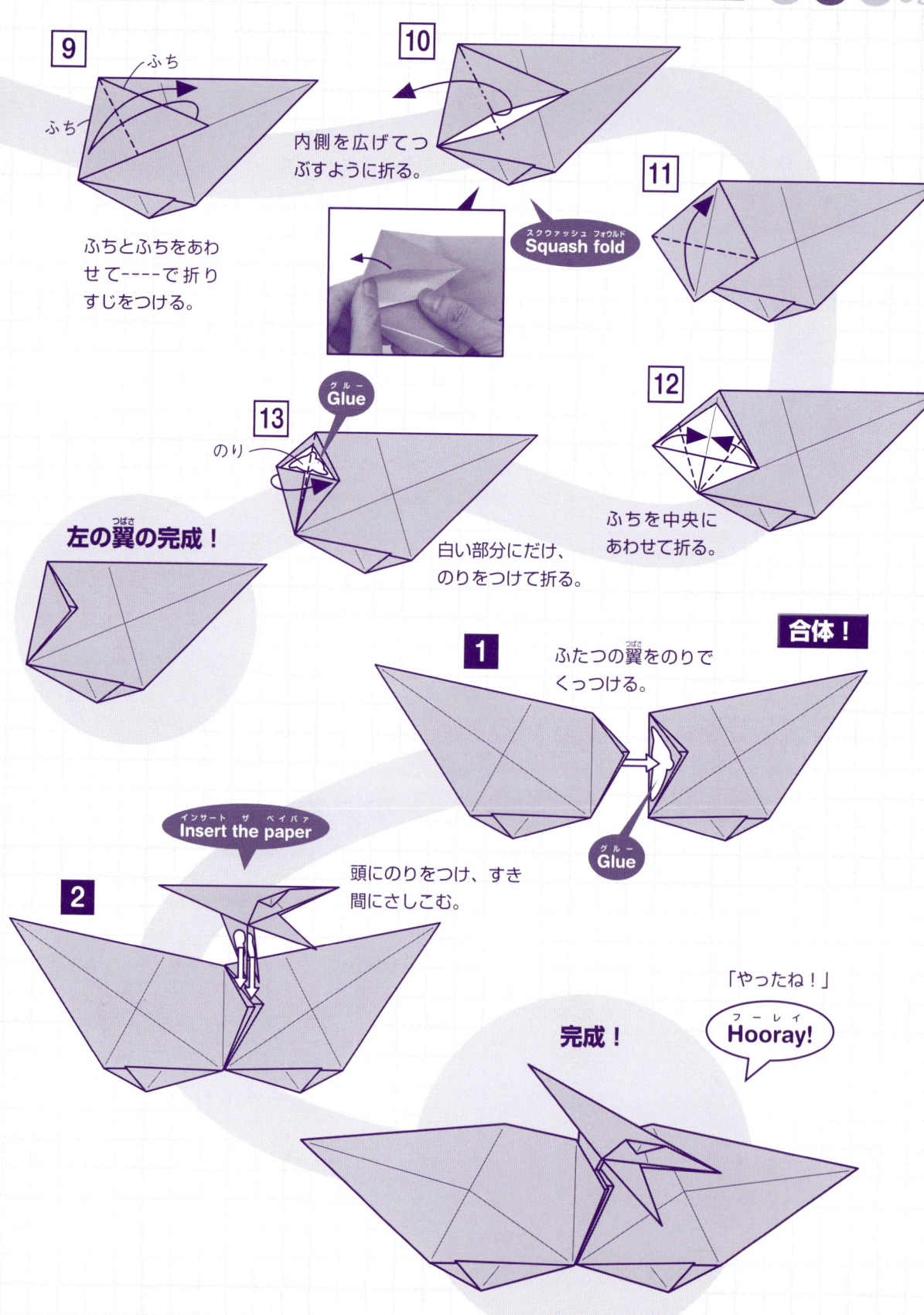

9
ふち
ふち
ふちとふちをあわせて----で折りすじをつける。

10
内側を広げてつぶすように折る。
Squash fold

11

12
ふちを中央にあわせて折る。

13
Glue
のり
白い部分にだけ、のりをつけて折る。

左の翼の完成！

合体！

1
ふたつの翼をのりでくっつける。
Glue

Insert the paper

2
頭にのりをつけ、すき間にさしこむ。

完成！
「やったね！」
Hooray!

30

## 恐竜コラム

## 恐竜以外の爬虫類

恐竜が生きていた時代には、恐竜以外にも爬虫類がいました。プテラノドンは「翼竜」、フタバサウルスは「くび長竜」とよばれる爬虫類です。

### ■恐竜とのちがい

恐竜は、同じ爬虫類のワニなどとちがって、あしの骨格が地面に向けてまっすぐになっているという特徴があります（45ページ参照）。左ページまでに紹介したプテラノドンやフタバサウルスは爬虫類ですが、あしのつき方がちがうため恐竜ではありません。恐竜がいた時代には、ほかにもワニやカメの祖先、魚竜などの爬虫類がくらしていました。

### ■プテラノドン

プテラノドンは空飛ぶ爬虫類・翼竜です。前足の指4本のうちの1本がとても長く、そこへまく（皮膜）がはられて翼の役目をしていました。ただし、鳥が翼をはばたかせて飛ぶのに対して、プテラノドンははばたかず、高いところから飛びおりて皮膜に風を受けることで飛びました。皮膜のついた指以外の3本の指が、手の役目をするところも鳥とのちがいです。

鳥は、プテラノドンのような翼竜ではなく、獣脚類の恐竜が進化したのだと考えられています。

### ■フタバサウルス

くび長竜は、4本のあしがすべてひれになっていて、海中で生活する爬虫類です。おもに魚類を食べていました。

フタバサウルスは、1968年、当時高校生だった鈴木直さんが、福島県いわき市で発見した恐竜です。当初は、双葉層から鈴木さんが見つけたという意味で「フタバスズキリュウ」とよばれていました。しかし、ほかのくび長竜との決定的なちがいが見つからなかったため、正式に新種だとはみとめられていませんでした。

ところが38年たった2006年、目と鼻の穴のあいだがはなれているといった、フタバスズキリュウだけの特徴が見つけられ、ようやく「フタバサウルス」として正式にみとめられたのです。発見者の鈴木さんは、現在も古代生物の研究を続けています。

大きなエリのおしゃれ恐竜
# トリケラトプス
TRICERATOPS

つかう紙 2まい

**種類** 鳥盤目・周飾頭類　**時代** 白亜紀後期　**全長** 8〜9m
**発掘地** カナダ、アメリカ　**名前の意味** 3本の角がある顔　**食べもの** 植物食
**特徴** むれをつくって、天敵のティラノサウルスから身を守ったといわれる。角のついた大きなエリと、オウムのような、曲がったくちばしが特徴。

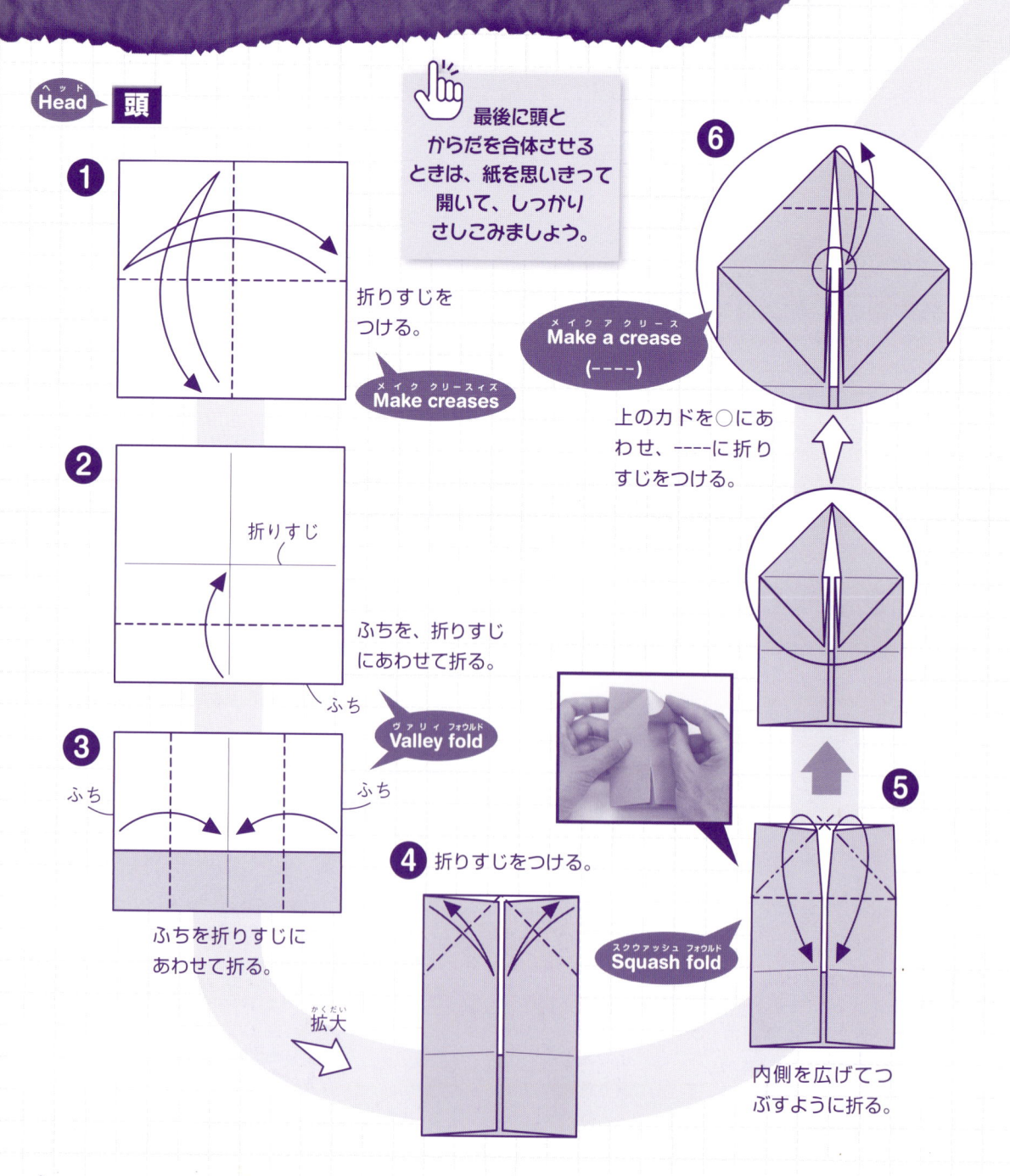

Head 頭

最後に頭とからだを合体させるときは、紙を思いきって開いて、しっかりさしこみましょう。

❶ 折りすじをつける。 Make creases

❷ ふちを、折りすじにあわせて折る。 Valley fold

❸ ふちを折りすじにあわせて折る。 拡大

❹ 折りすじをつける。 Squash fold

❺ 内側を広げてつぶすように折る。

❻ 上のカドを○にあわせ、----に折りすじをつける。 Make a crease (----)

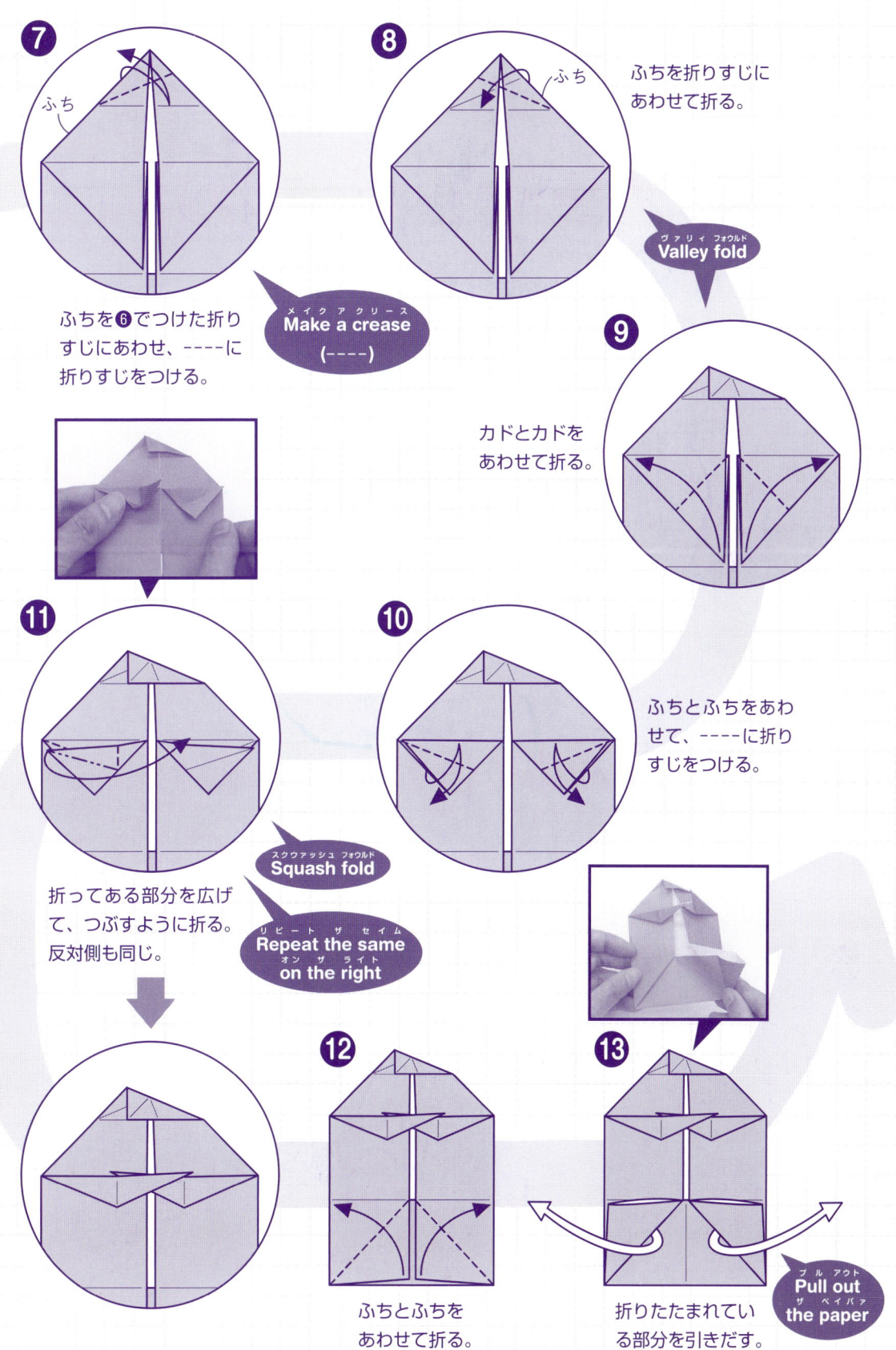

トリケラトプス レベル2

⑦ ふち

ふちを❻でつけた折りすじにあわせ、----に折りすじをつける。

⑧ ふち

ふちを折りすじにあわせて折る。

**Make a crease (----)**

**Valley fold**

⑨ カドとカドをあわせて折る。

⑪ 折ってある部分を広げて、つぶすように折る。反対側も同じ。

⑩ ふちとふちをあわせて、----に折りすじをつける。

**Squash fold**

**Repeat the same on the right**

⑫ ふちとふちをあわせて折る。

⑬ 折りたたまれている部分を引きだす。

**Pull out the paper**

33

⑭

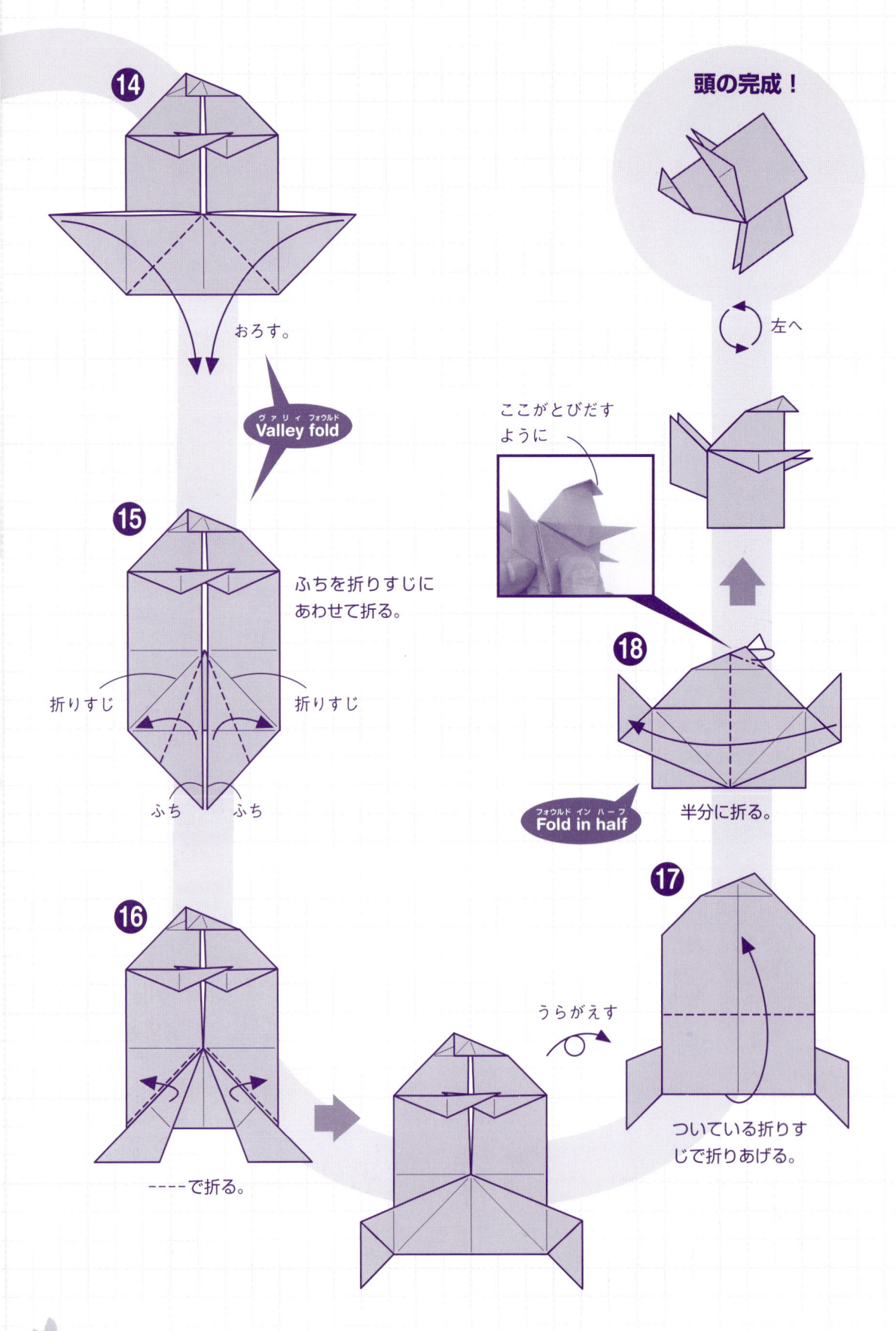

おろす。

**Valley fold**

⑮

ふちを折りすじに
あわせて折る。

折りすじ　折りすじ

ふち　ふち

⑯

----で折る。

うらがえす

⑰

ついている折りす
じで折りあげる。

⑱

ここがとびだす
ように

**Fold in half**

半分に折る。

**頭の完成！**

左へ

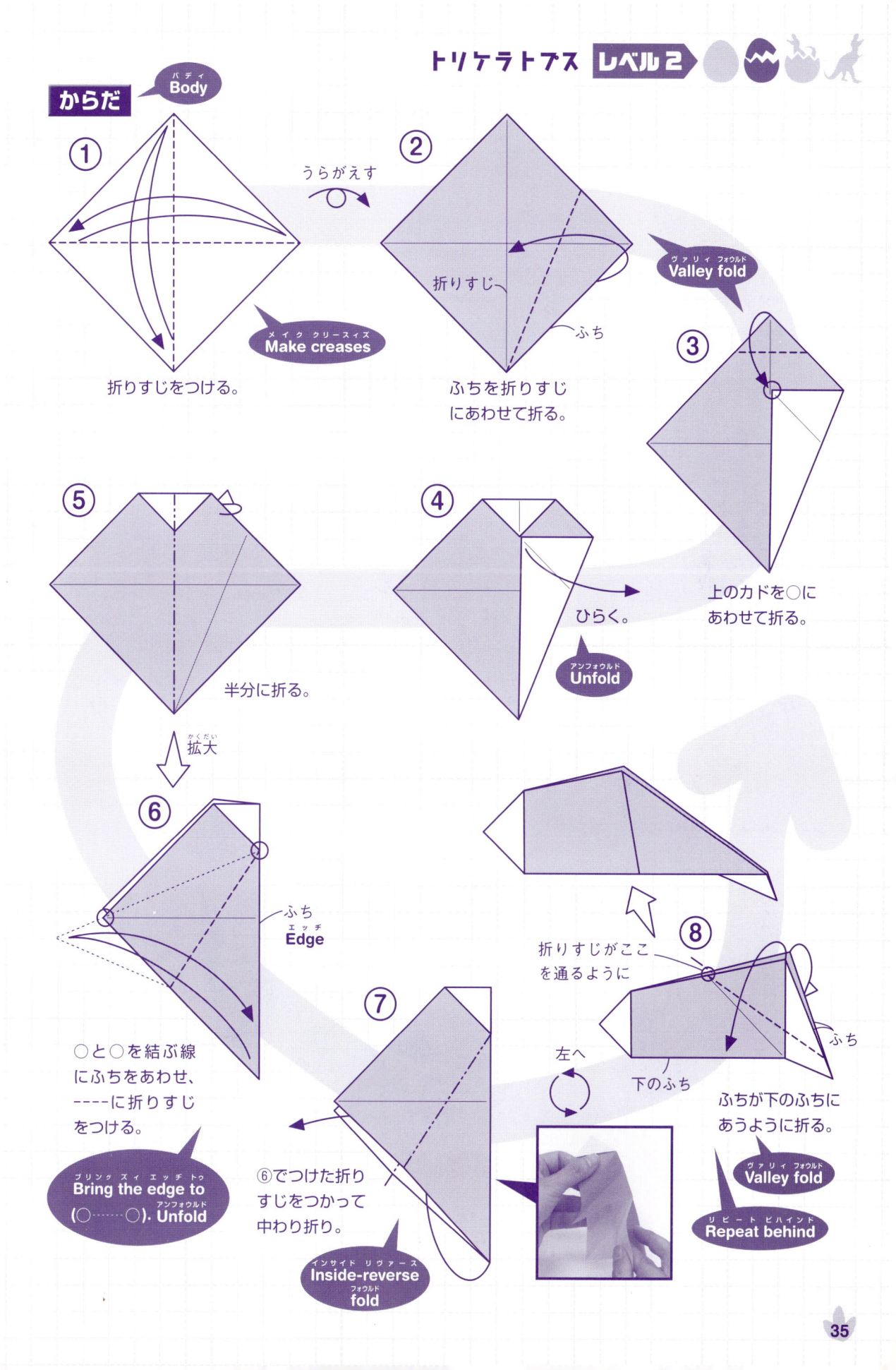

トリケラトプス レベル2

からだ / Body

① 折りすじをつける。 Make creases

② うらがえす
ふちを折りすじにあわせて折る。
折りすじ / ふち / Valley fold

③ 上のカドを○にあわせて折る。

④ ひらく。 Unfold

⑤ 半分に折る。

拡大

⑥ ○と○を結ぶ線にふちをあわせ、----に折りすじをつける。
ふち / Edge
Bring the edge to (○……○). Unfold

⑦ ⑥でつけた折りすじをつかって中わり折り。
Inside-reverse fold

左へ

⑧ 折りすじがここを通るように
ふちが下のふちにあうように折る。
下のふち / ふち / Valley fold
Repeat behind

35

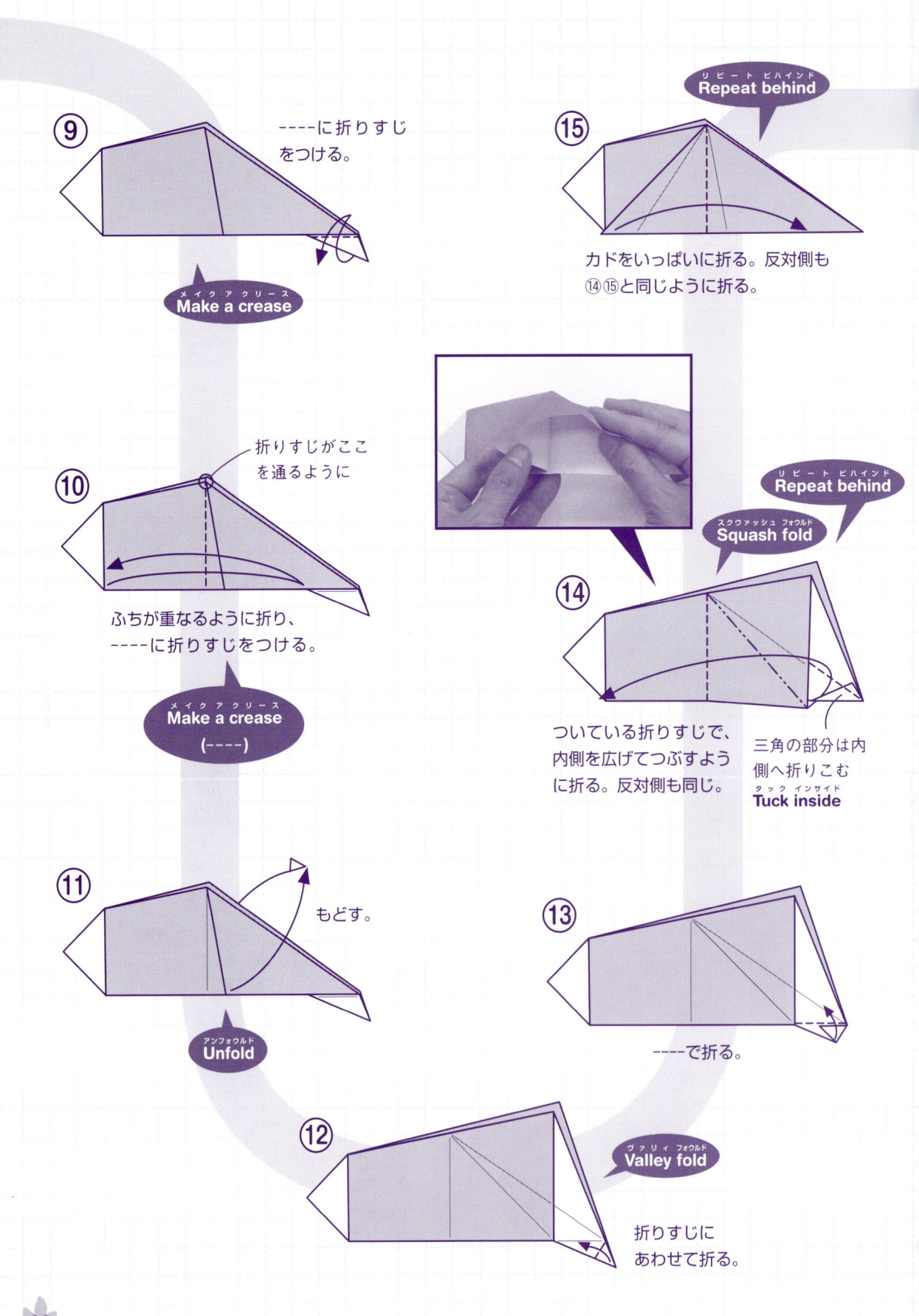

⑨ ----に折りすじをつける。
**Make a crease**

⑩ 折りすじがここを通るように
ふちが重なるように折り、----に折りすじをつける。
**Make a crease (----)**

⑪ もどす。
**Unfold**

⑫ 折りすじにあわせて折る。

⑬ ----で折る。
**Valley fold**

⑭ ついている折りすじで、内側を広げてつぶすように折る。反対側も同じ。
三角の部分は内側へ折りこむ
**Tuck inside**
**Squash fold**
**Repeat behind**

⑮ カドをいっぱいに折る。反対側も⑭⑮と同じように折る。
**Repeat behind**

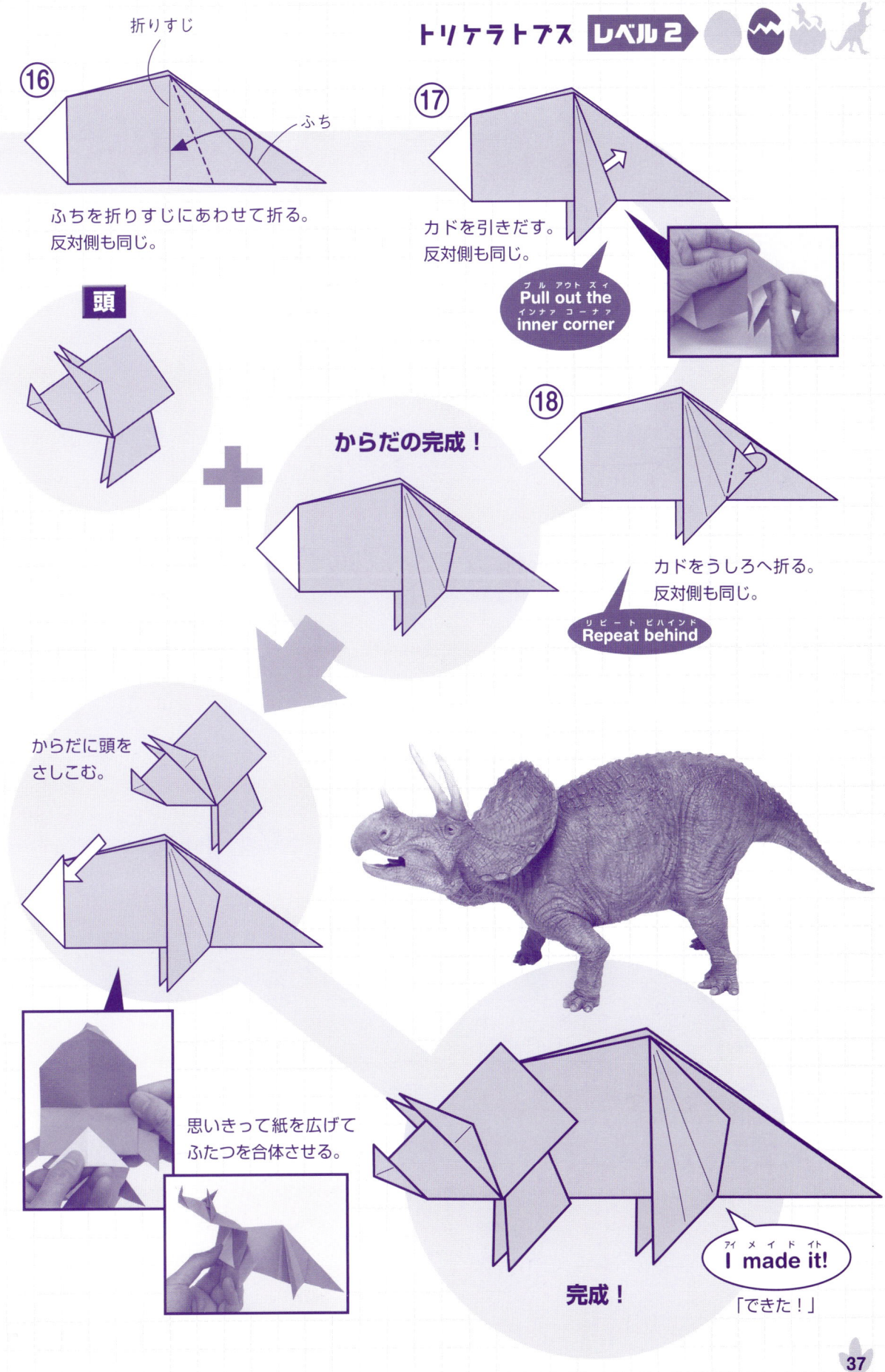

トリケラトプス **レベル2**

⑯ 折りすじ / ふち

ふちを折りすじにあわせて折る。
反対側も同じ。

**頭**

⑰ カドを引きだす。
反対側も同じ。

**Pull out the inner corner**

からだの完成！

⑱ カドをうしろへ折る。
反対側も同じ。

**Repeat behind**

からだに頭をさしこむ。

思いきって紙を広げてふたつを合体させる。

完成！

**I made it!**

「できた！」

37

―― 1822年、世界で最初に見つかった恐竜

# イグアノドン
## IGUANODON

つかう紙 1まい

大きな紙で挑戦！

**種類** 鳥盤目・鳥脚類　**時代** 白亜紀前期　**全長** 6〜10m
**発掘地** イギリス、ベルギー、ドイツ　**名前の意味** イグアナの歯　**歩行** おもに4足
**食べもの** 植物食　**特徴** 前足の親指にスパイクがあり、2本足でも歩く。
くちばしのようなあごに、草をすりつぶすのに便利な上部が平らな歯がたくさんならぶ。

① 折りすじをつける。　Make a crease

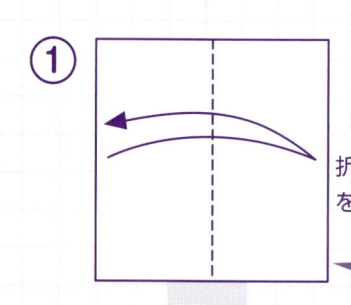

4本足で立つ恐竜です。どれか1本が浮いてしまわないように、足の長さを調整してみましょう。

② ふちと折りすじをあわせて折る。　ふち　Valley fold

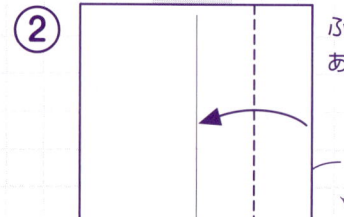

③ 折りすじをつける。　左へ90°

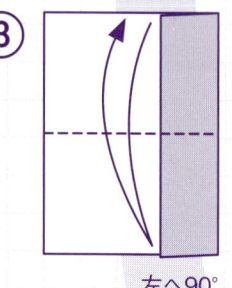

④ 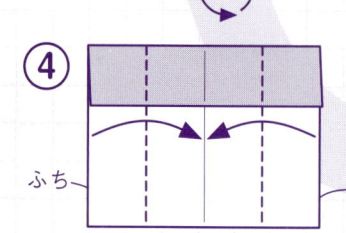 ふちを中心にあわせて折る。　ふち　ふち

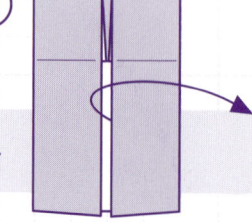

⑤ 右側だけひらく。　拡大

⑥ 右上のカドを左のふちにあわせて折る。　ふち　折りすじがここを通るように

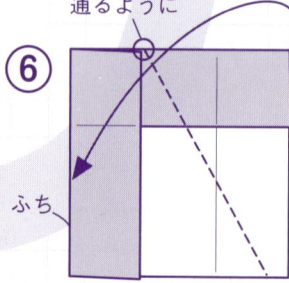

⑦ もどす。

⑧

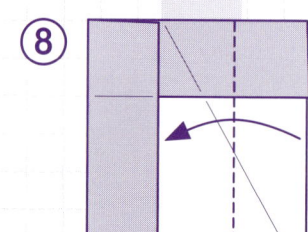

⑨ 左側だけひらき、⑥〜⑧と同じように折る。　Unfold

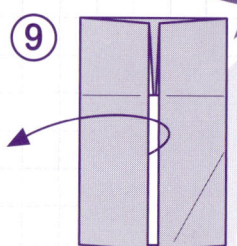

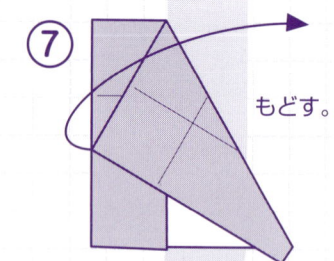

Repeat steps ⑥〜⑧

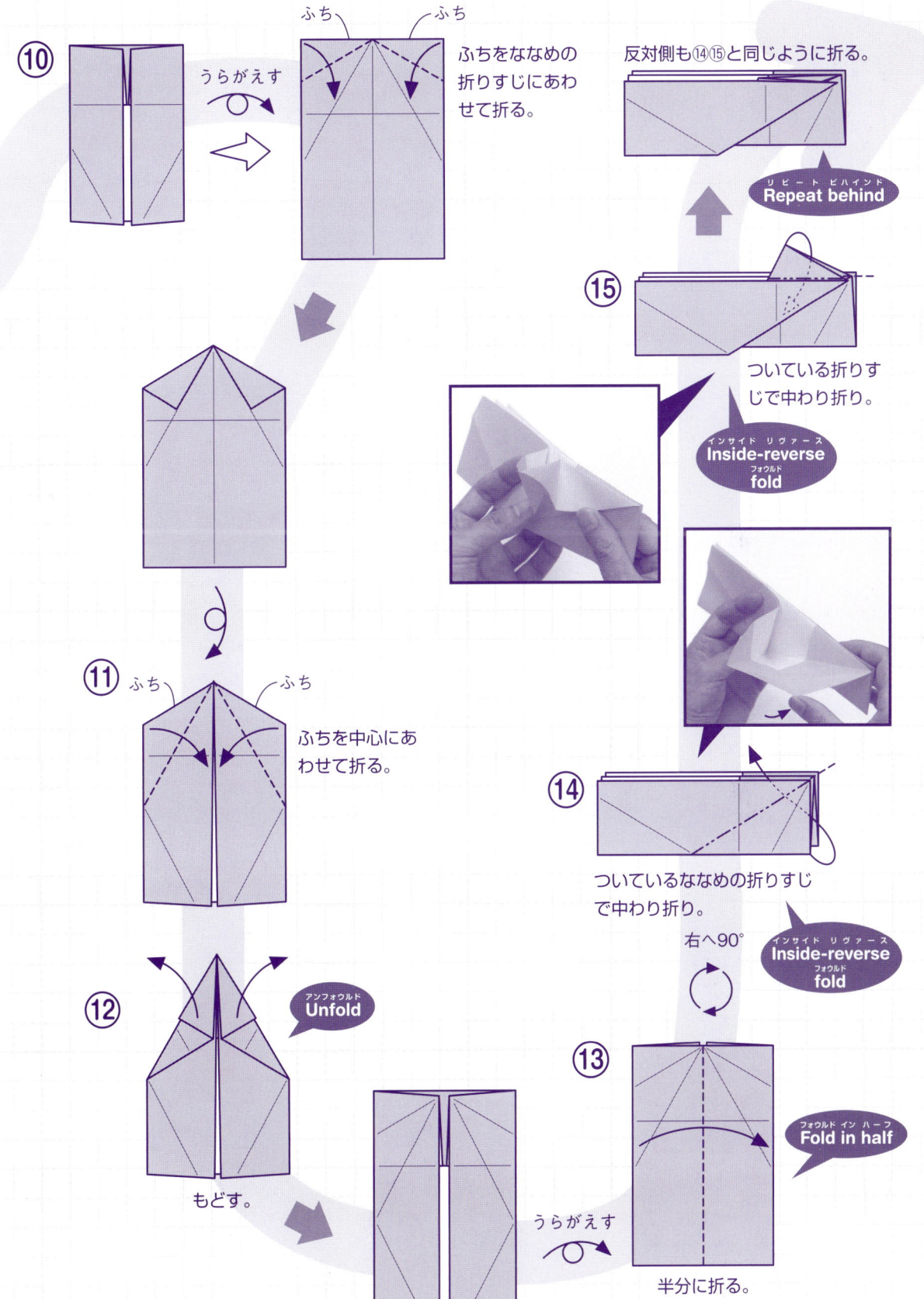

イグアノドン レベル３

⑩ うらがえす

ふち ふち
ふちをななめの折りすじにあわせて折る。

反対側も⑭⑮と同じように折る。

Repeat behind

⑮ ついている折りすじで中わり折り。

Inside-reverse fold

⑪ ふち ふち
ふちを中心にあわせて折る。

⑭ ついているななめの折りすじで中わり折り。

右へ90°

Inside-reverse fold

⑫ Unfold
もどす。

うらがえす

⑬ Fold in half
半分に折る。

39

拡大

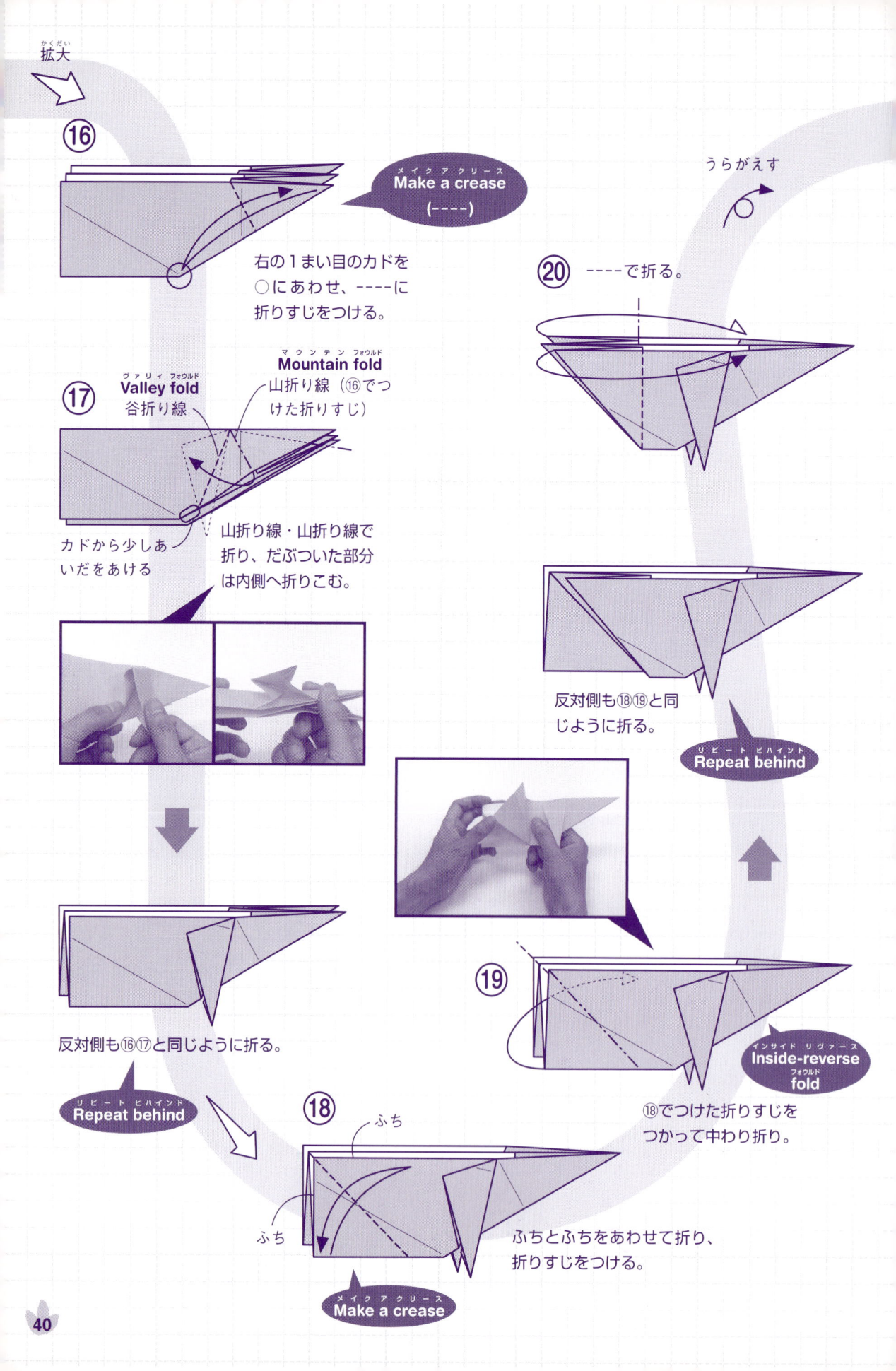

⑯ Make a crease (----)

右の1まい目のカドを○にあわせ、----に折りすじをつける。

⑰ Valley fold 谷折り線
Mountain fold 山折り線（⑯でつけた折りすじ）

カドから少しあいだをあける

山折り線・山折り線で折り、だぶついた部分は内側へ折りこむ。

反対側も⑯⑰と同じように折る。
Repeat behind

⑱ ふち ふち
Make a crease

ふちとふちをあわせて折り、折りすじをつける。

⑲ Inside-reverse fold
⑱でつけた折りすじをつかって中わり折り。

⑳ ----で折る。
うらがえす

反対側も⑱⑲と同じように折る。
Repeat behind

40

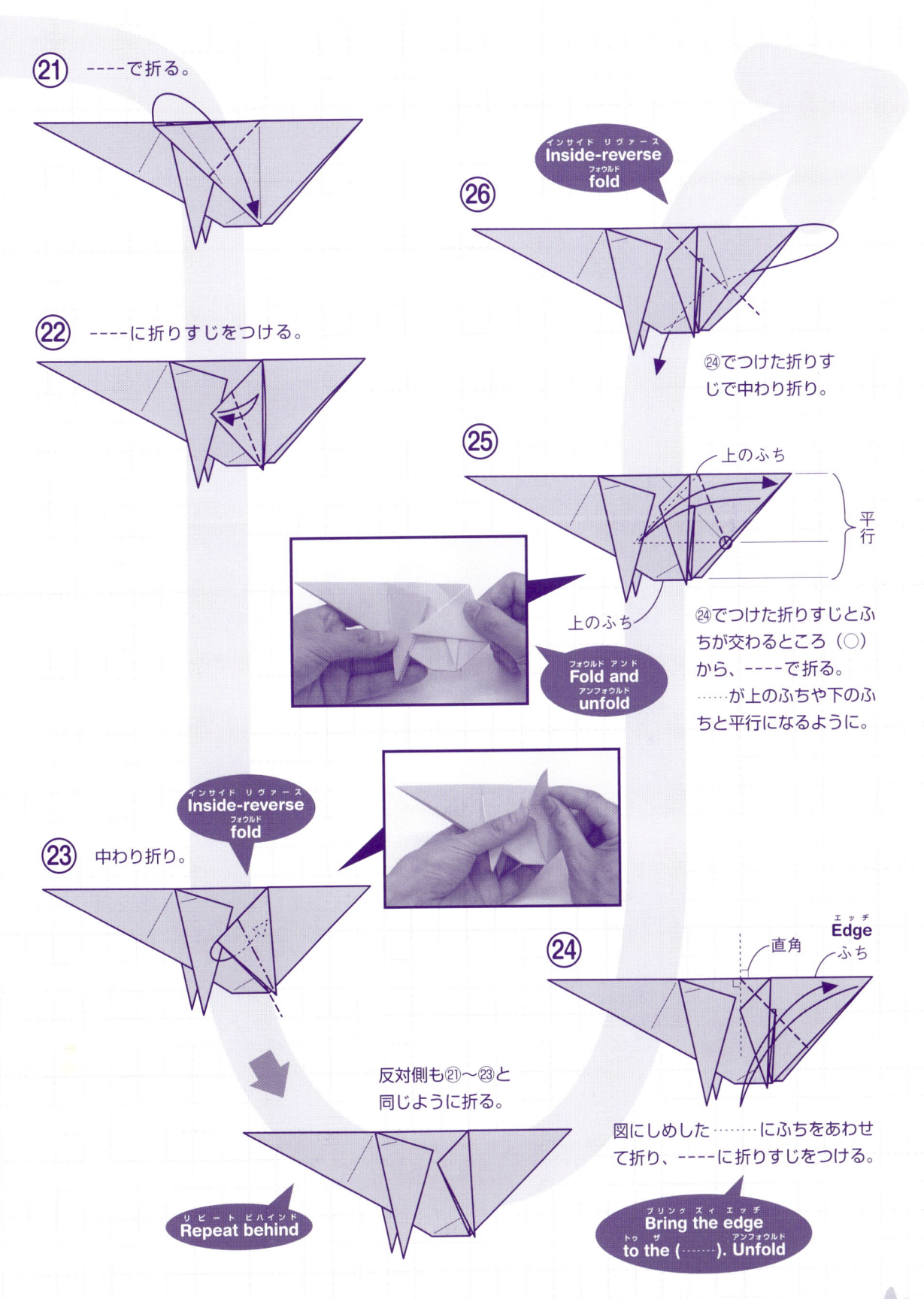

イグアノドン レベル3

㉑ ----で折る。

㉒ ----に折りすじをつける。

㉓ 中わり折り。

Inside-reverse fold

反対側も㉑〜㉓と同じように折る。

Repeat behind

㉔ 直角　Edge ふち

図にしめした………にふちをあわせて折り、----に折りすじをつける。

Bring the edge to the (………). Unfold

㉕ 上のふち　平行

㉔でつけた折りすじとふちが交わるところ（○）から、----で折る。………が上のふちや下のふちと平行になるように。

上のふち

Fold and unfold

㉖ Inside-reverse fold

㉔でつけた折りすじで中わり折り。

41

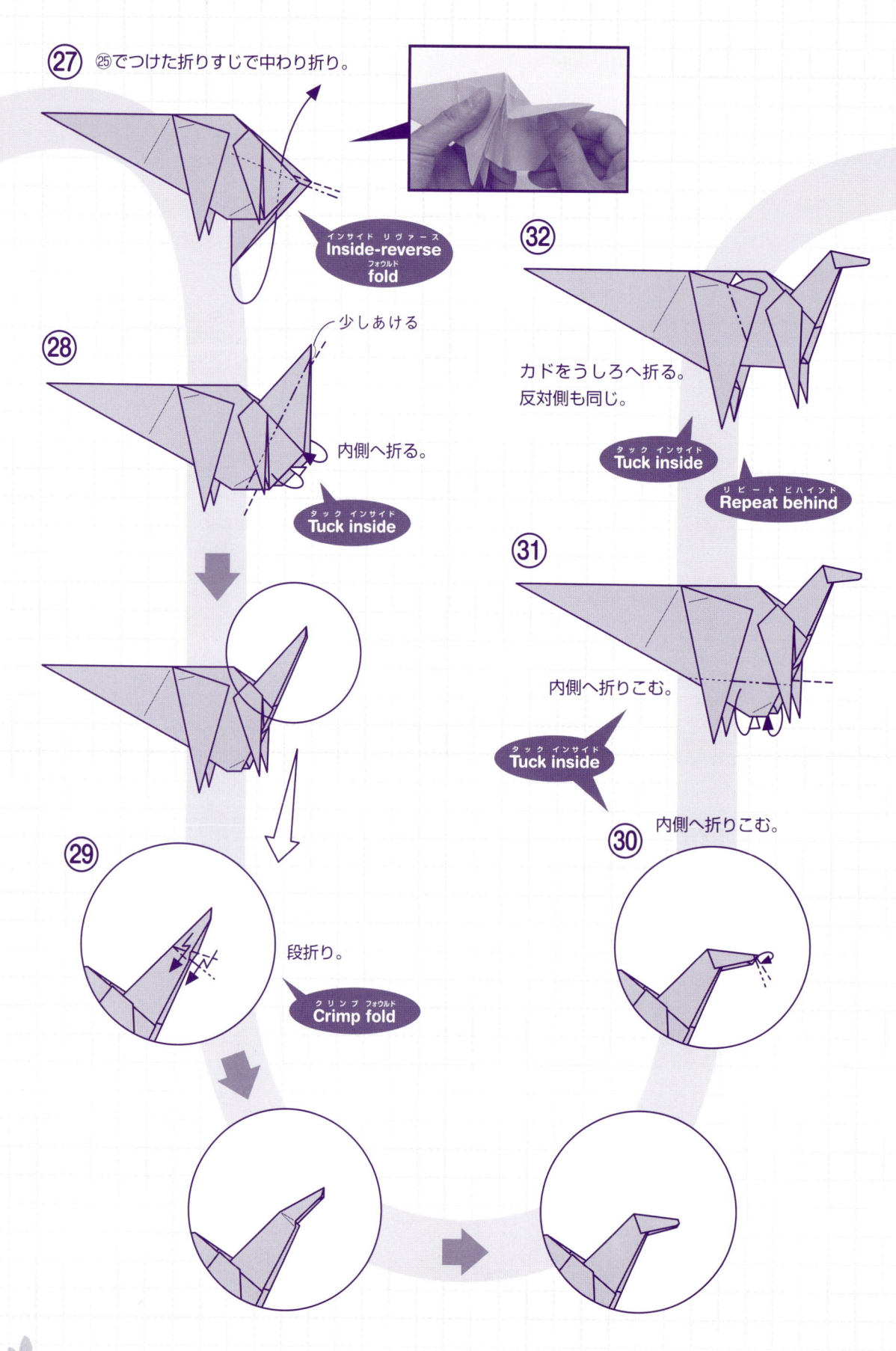

㉗ ㉕でつけた折りすじで中わり折り。

**Inside-reverse fold**

㉘ 少しあける

内側へ折る。

**Tuck inside**

㉙ 段折り。

**Crimp fold**

㉚ 内側へ折りこむ。

㉛ 内側へ折りこむ。

**Tuck inside**

㉜ カドをうしろへ折る。反対側も同じ。

**Tuck inside**

**Repeat behind**

42

イグアノドン **レベル3**

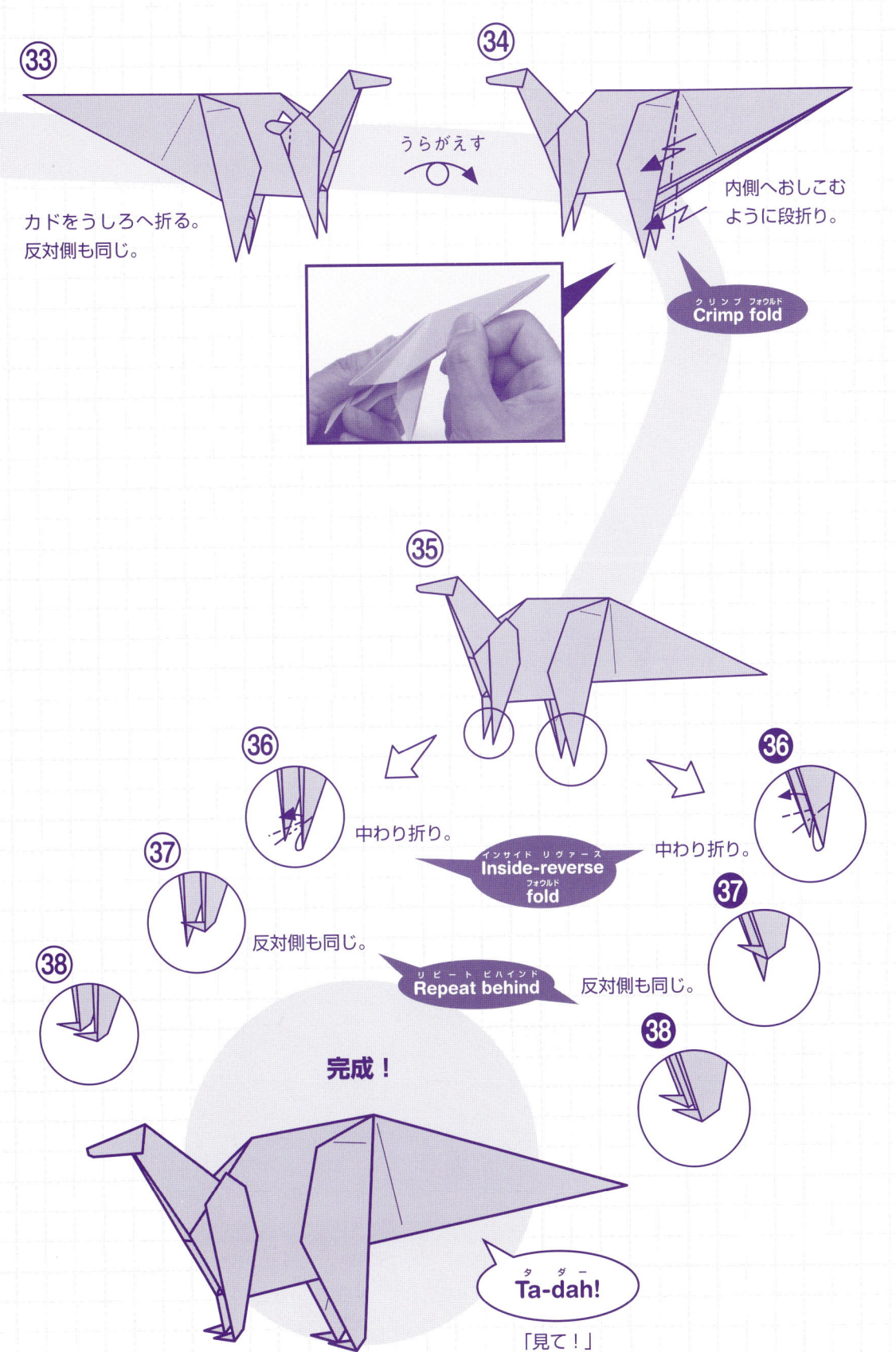

㉝ カドをうしろへ折る。反対側も同じ。

㉞ 内側へおしこむように段折り。

うらがえす

Crimp fold

㉟

㊱ 中わり折り。

㊱ 中わり折り。

Inside-reverse fold

㊲ 反対側も同じ。

㊲ 反対側も同じ。

Repeat behind

㊳

㊳

完成！

Ta-dah!
「見て！」

43

## 恐竜コラム

# 恐竜の種類と歴史

この本では、恐竜について時代、種類、名前の意味などの基本情報を紹介してきました。ここでは、それぞれについて少しくわしく見てみましょう。

### ■地球の歴史と恐竜の歴史

恐竜は、いまから約2億5000万年〜6500万年前まで地球にくらしていた生きもの。想像もできないほど古い時代のことのようですが、地球が誕生したのはさらにずっと昔の、いまから46億年ほど前です。それを考えれば、恐竜が生まれたのはずっとあと。そして、地球の長い歴史にくらべれば、ほんの短い時間生きていたにすぎません。

### ■3つの時代

恐竜が生きていた時代は、地質学の考え方でいうと、中生代にあたります。中生代は、さらに三畳紀・ジュラ紀・白亜紀の3つにわけられます。

#### 三畳紀
三畳紀のはじめ、それまで地球にいた生き物の多くが絶滅したといわれる。最初の恐竜は、絶滅をまぬかれた生きものが繁栄しだす三畳紀後期に生まれた。当時の恐竜は小さく1〜3mほど。海には魚のように尾をくねらせて泳ぐ魚竜がいた。

#### ジュラ紀
あたたかく湿気の多い気候で、植物がよくしげり、セコイアなどの針葉樹やソテツの森が広がっていた。この時代に繁栄した恐竜は、竜脚類など、大型のものが多かった。

#### 白亜紀
白亜紀は、地球の大陸が大きく動いた時代。気候も大陸ごとに特色が生まれた。恐竜はいろいろな種類が存在したが、白亜紀後期にあたる約6500万年前に絶滅した。恐竜から進化した鳥類は生きのこった。

■そもそも恐竜って？

　恐竜は、ワニやトカゲなどの爬虫類のなかまです。からのある卵を生み、からだがウロコでおおわれています。でも、ワニやトカゲと決定的にちがうことがあります。ワニやトカゲは足がからだの横へ出ていてはうように進みますが、恐竜の足はからだの真下へ出ていて、からだをもちあげて進むことができるということです。

　また、恐竜は骨盤の形によって大きくふたつにわけることができます。さらに、それぞれの特徴によって、以下のような種類にわけられます。

| 鳥盤目 | 鳥に似た骨盤をもつ。 |
|---|---|
| 装盾類 | とげやよろいでからだをおおわれている。ステゴサウルスなど。 |
| 鳥脚類 | あごやあしの形が鳥に似ている。イグアノドンなど。 |
| 周飾頭類 | 頭に角やえりかざり、こぶなどがある。トリケラトプスなど。 |

| 竜盤目 | トカゲやワニに似た骨盤をもつ。 |
|---|---|
| 竜脚形類 | 多くが4足歩行で、トカゲに似たあしをもつ。アパトサウルスなど。 |
| 獣脚類 | 2足歩行するものが多く、獣に似たあしをもつ。ティラノサウルスなど。 |

■恐竜の名前の意味

　「恐竜（ディノサウルス）」は、ラテン語で「おそろしい（ディノ）」「トカゲ（サウルス）」という意味です。各恐竜の名前にもラテン語などが多くつかわれています。恐竜の名前によくつかわれるラテン語とその意味を紹介しましょう。

　また、恐竜をふくめて、動物の名前はすべて「国際動物命名規約」にしたがってつけられます。もし、新種の生物を発見したと思って新たな名前をつけたところ、あとになって、その生物が、すでに名前のついている別の生物と同じだとわかった場合は、先につけられていた名前が優先されます。かつてブロントサウルスとよばれていた恐竜が、いまはアパトサウルスとよばれる（10ページ参照）のにはこうした事情があります。

| サウルス | トカゲ（ティラノサウルス） |
|---|---|
| アロ | かわった（アロサウルス） |
| エラスモ | うすい皿（エラスモサウルス） |
| ケラト | 角（トリケラトプス） |
| ステゴ | 屋根・天井（ステゴサウルス） |
| ディプロ | ふたつ（ディプロドクス） |
| オドン | 歯（イグアノドン） |
| プテロ | 翼（プテラノドン） |
| ラプトル | どろぼう（オビラプトル） |
| レックス | 王（Tレックス） |

※カッコ内は例。

― 背の高さは最大級！　くびも足も長い

# ブラキオサウルス
BRACHIOSAURUS

つかう紙 1まい

大きな紙で挑戦！

| 種類 | 竜盤目・竜脚形類 | 時代 | ジュラ紀後期〜白亜紀前期 | 全長 | 約25m |

発掘地 アメリカ、タンザニア　名前の意味 腕トカゲ　食べもの 植物食
歩行 4足　特徴 前足がうしろ足より長く、背中がななめになっている。頭が小さく、鼻の穴がある額の部分はコブのように見える。

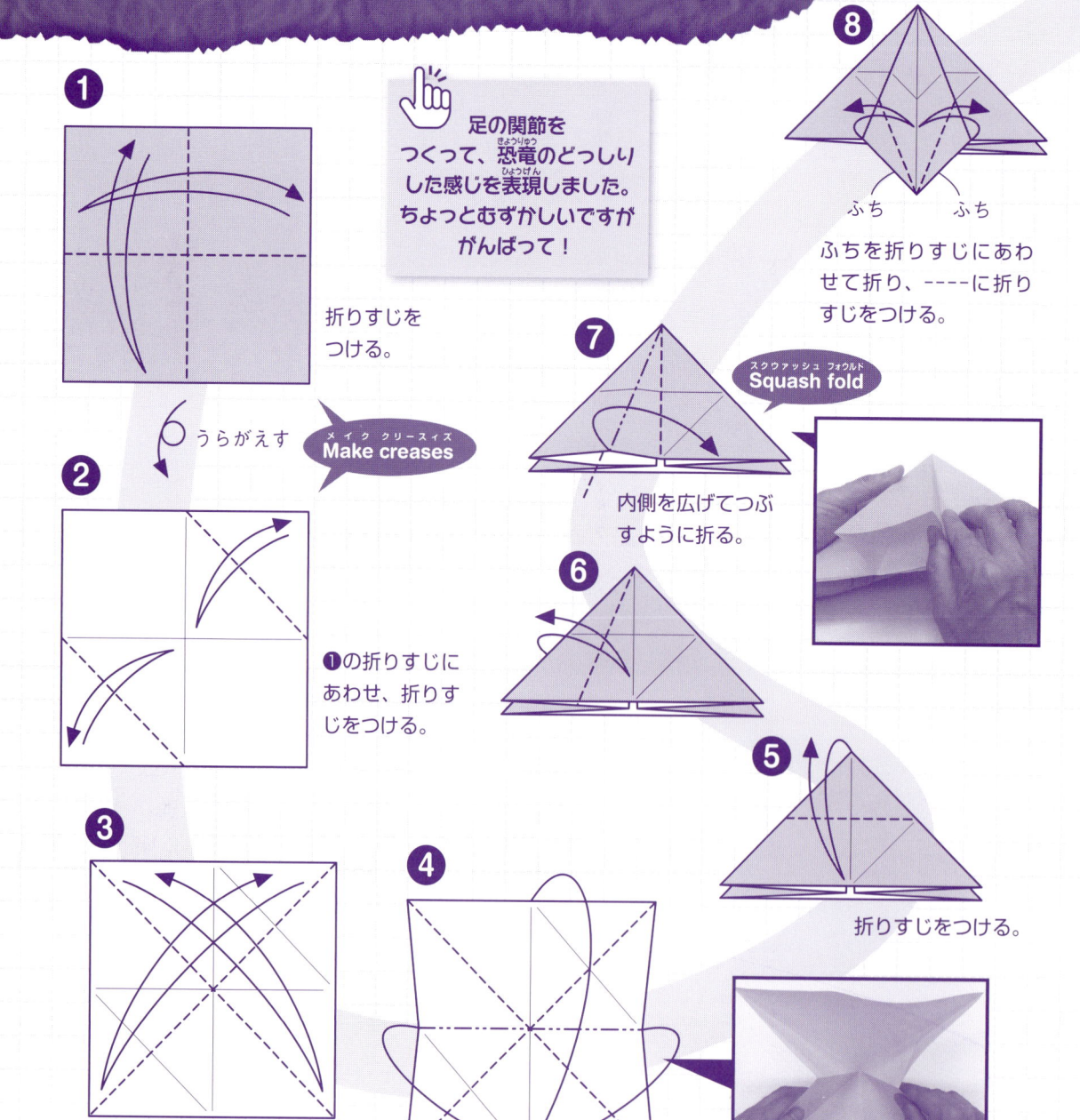

足の関節をつくって、恐竜のどっしりした感じを表現しました。ちょっとむずかしいですがんばって！

**1** 折りすじをつける。

うらがえす　Make creases

**2** ❶の折りすじにあわせ、折りすじをつける。

**3** 折りすじをつける。

**4** 折りすじ通りに折りたたむ。

**5** 折りすじをつける。

**6**

**7** 内側を広げてつぶすように折る。

Squash fold

**8** ふちを折りすじにあわせて折り、----に折りすじをつける。

ふち　ふち

46

## ブラキオサウルス レベル3

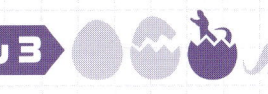

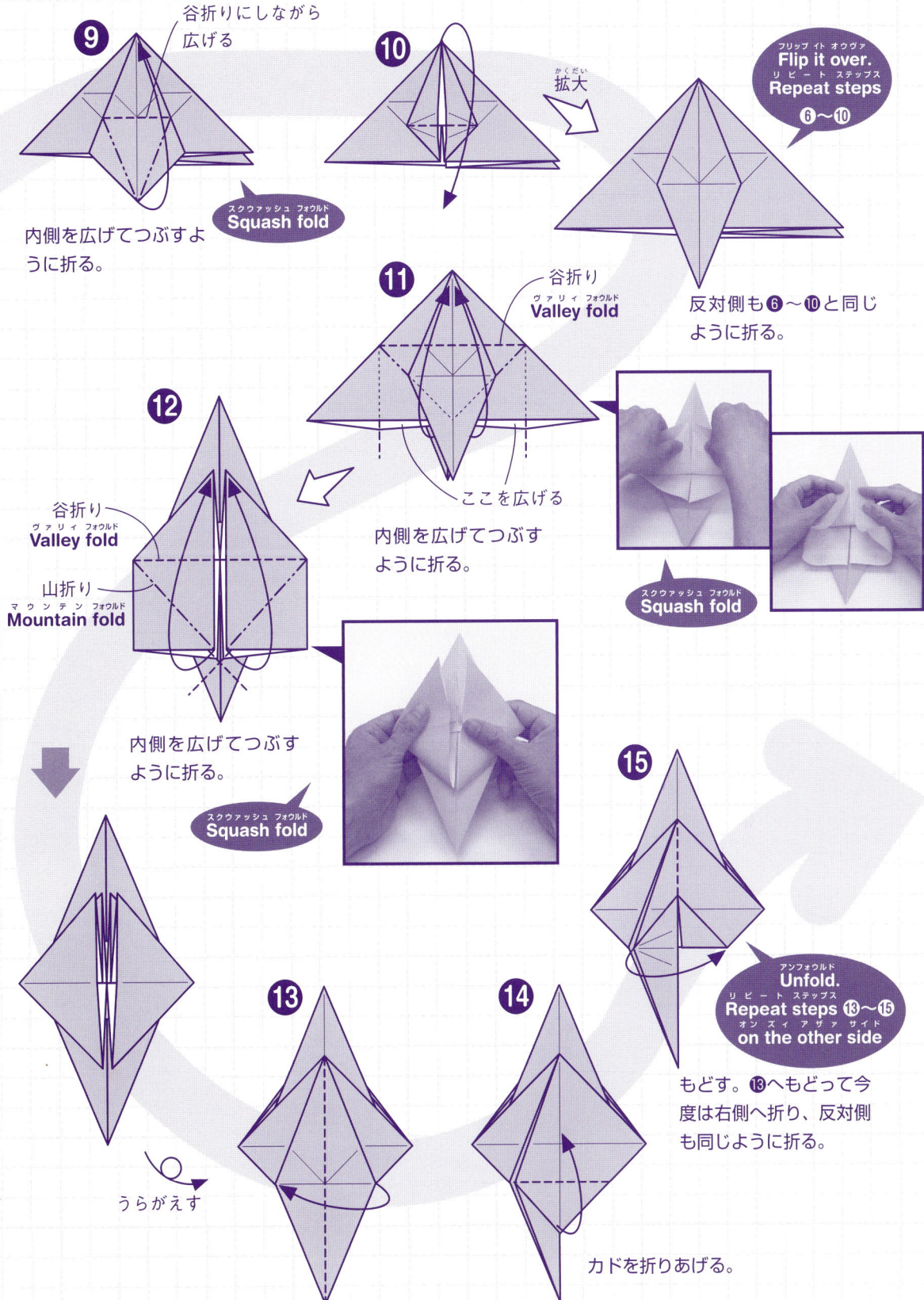

**9** 谷折りにしながら広げる
内側を広げてつぶすように折る。

**10** 拡大
Squash fold

Flip it over. Repeat steps ⑥〜⑩
反対側も⑥〜⑩と同じように折る。

**11** 谷折り Valley fold
ここを広げる
内側を広げてつぶすように折る。
Squash fold

**12** 谷折り Valley fold
山折り Mountain fold
内側を広げてつぶすように折る。
Squash fold

**13** うらがえす

**14** カドを折りあげる。

**15** Unfold. Repeat steps ⑬〜⑮ on the other side
もどす。⑬へもどって今度は右側へ折り、反対側も同じように折る。

47

## ⑯

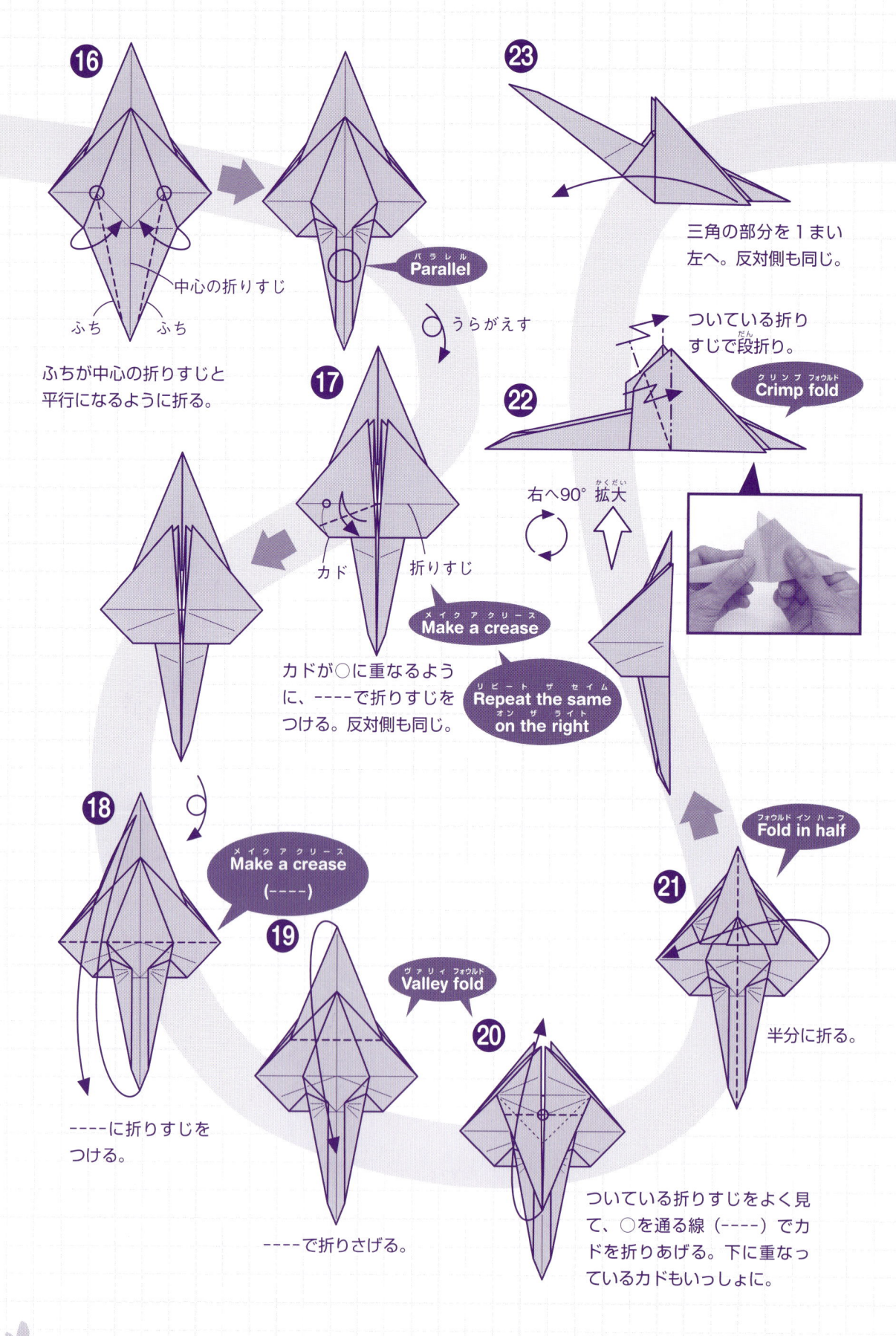

ふちが中心の折りすじと平行になるように折る。

中心の折りすじ
ふち　ふち

## ⑰

Parallel

うらがえす

カド　折りすじ

カドが○に重なるように、----で折りすじをつける。反対側も同じ。

Make a crease

## ⑱

Make a crease
(----)

----に折りすじをつける。

## ⑲

Valley fold

----で折りさげる。

## ⑳

## ㉑

Fold in half

半分に折る。

ついている折りすじをよく見て、○を通る線(----)でカドを折りあげる。下に重なっているカドもいっしょに。

Repeat the same on the right

右へ90°拡大

## ㉒

Crimp fold

ついている折りすじで段折り。

## ㉓

三角の部分を1まい左へ。反対側も同じ。

ブラキオサウルス レベル３

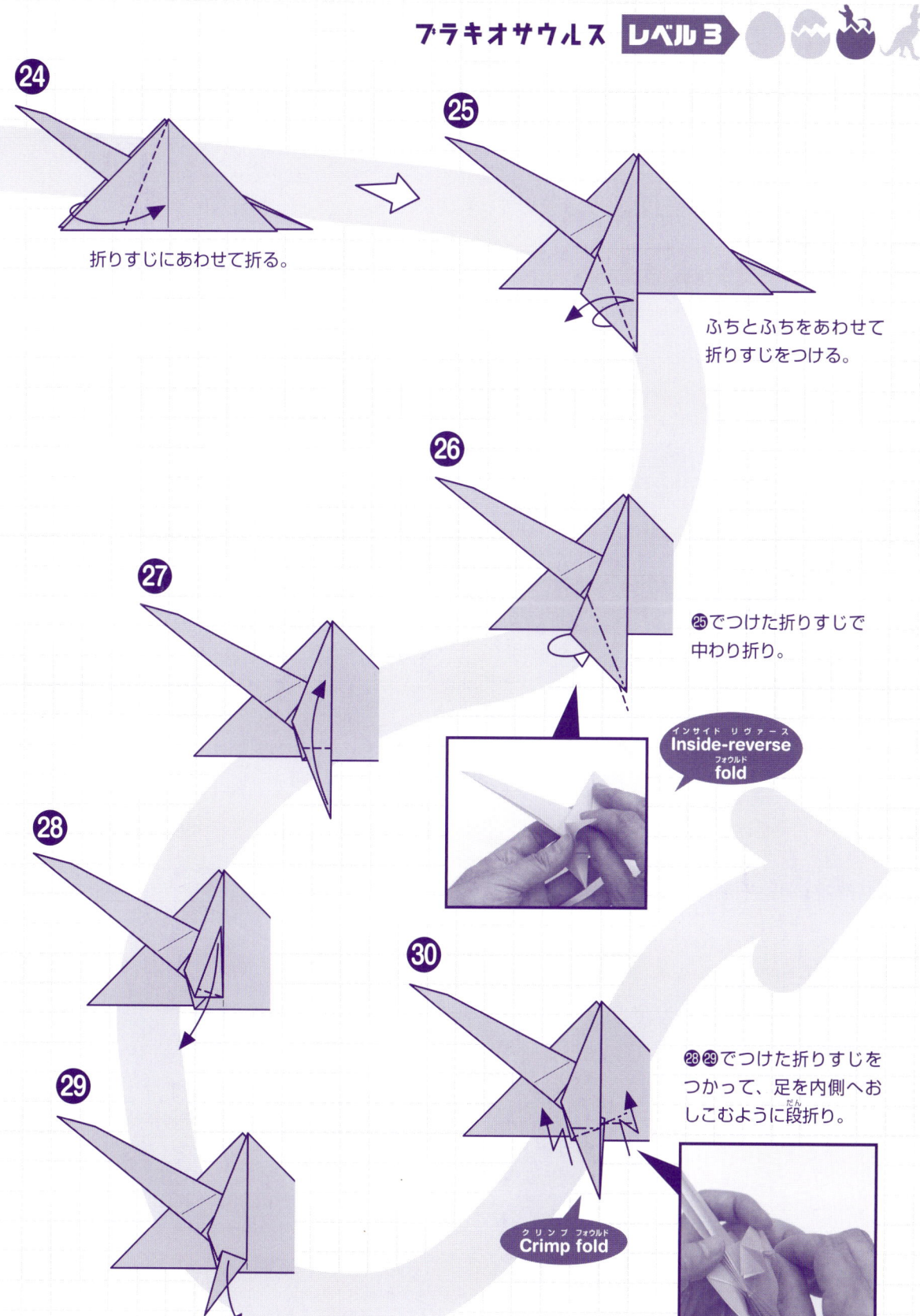

㉔ 折りすじにあわせて折る。

㉕ ふちとふちをあわせて折りすじをつける。

㉖ ㉕でつけた折りすじで中わり折り。

Inside-reverse fold
インサイド リヴァース フォウルド

㉗

㉘

㉙ もどす。

㉚ ㉘㉙でつけた折りすじをつかって、足を内側へおしこむように段折り。

Crimp fold
クリンプ フォウルド

49

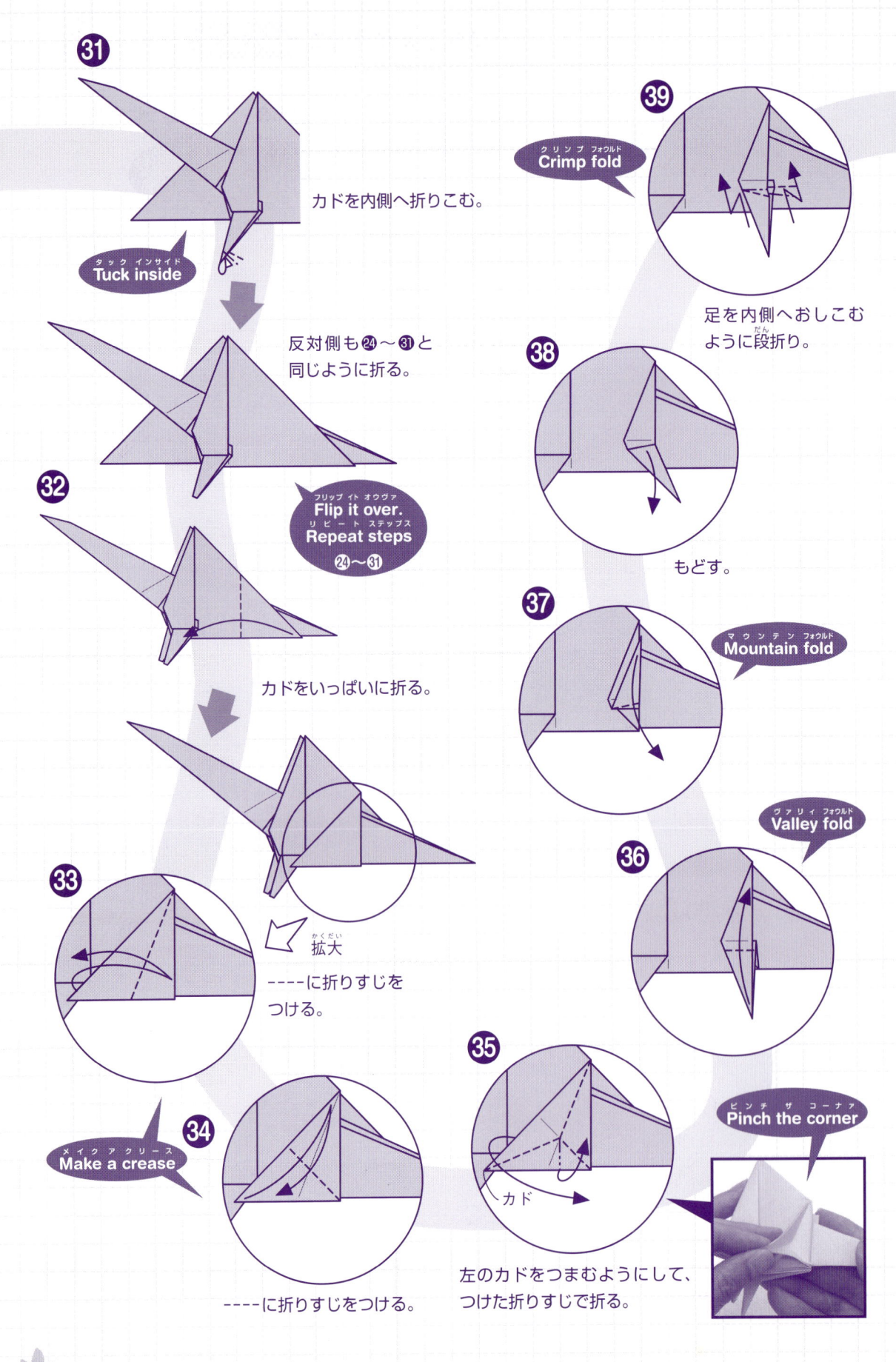

**31** Tuck inside
カドを内側へ折りこむ。

**32** 反対側も㉔〜㉛と同じように折る。
Flip it over. Repeat steps ㉔〜㉛

カドをいっぱいに折る。

**33** ----に折りすじをつける。
拡大

**34** Make a crease
----に折りすじをつける。

**35** Pinch the corner
カド
左のカドをつまむようにして、つけた折りすじで折る。

**36** Valley fold

**37** Mountain fold

**38** もどす。

**39** Crimp fold
足を内側へおしこむように段折り。

## ブラキオサウルス レベル3

㊵ Tuck inside
カドを内側へ折りこむ。

反対側も㉜〜㊵と同じように折る。
Flip it over.
Repeat steps ㉜〜㊵

㊶ カドをおしあげる。

㊷ Outside-reverse fold
かぶせ折り。

Pull out the inner paper

㊸ 折りたたまれている紙を引きだす。

思いきって、紙を開くとやりやすい。

㊹ カドを内側に折る。

㊺ カドを内側に折る。反対側も同じ。

Tuck inside. Repeat behind

㊻ カドを内側に折る。反対側も同じ。

完成！
I can make it
「できちゃった！」

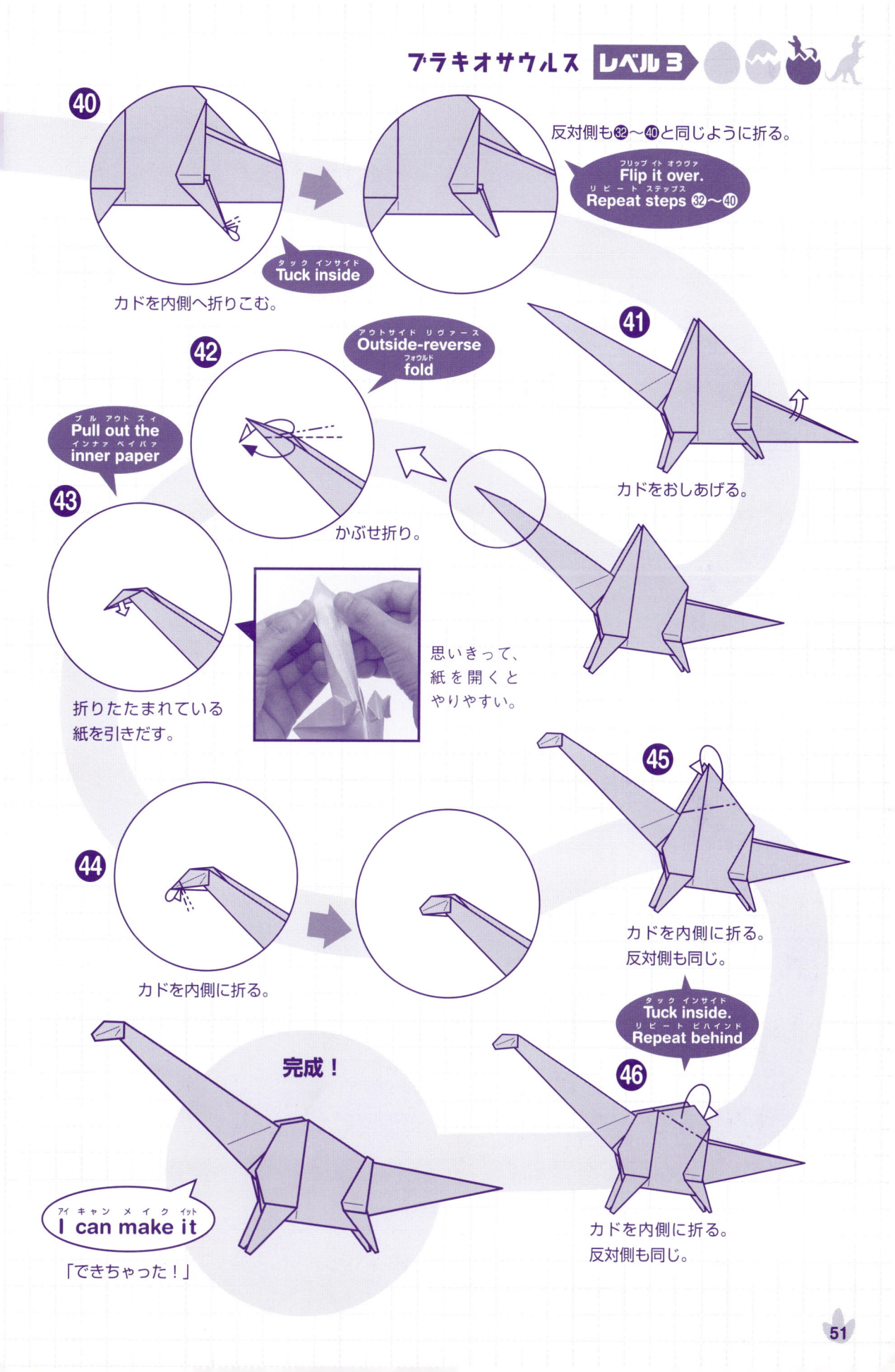

## 折り紙コラム

## 折り紙がなくても「折り紙」できる！

紙が1枚あれば、いつでもどこでも楽しめるのが折り紙の魅力のひとつです。市販の折り紙がなくても大丈夫。いろいろな紙をつかってすてきな恐竜をつくりましょう。

### ■恐竜を折るのにちょうどいい大きさは？

一般的によく売られている折り紙の大きさは、15cm四方です。この大きさだと、子どもの小さな手でも鶴くらいのレベルの作品が折りやすく、また仕上がりがちょうどいい大きさになります。

でも、この本に紹介した恐竜のなかには、15cmの折り紙では折りづらく、仕上がりが小さくなってしまうものもあります。はじめは大きめの紙をつかって折り、仕上がりサイズを確認しながらいろいろな大きさの紙でためしてみましょう。

### ■折り紙をつくる！

自分の好きな大きさの恐竜を折るには、やはり「手づくり折り紙」がいちばん。手づくりなら、大きさはもちろん、紙の柄や素材も好きなものが選べます。

また、この本で紹介した恐竜には、同じ色の折り紙が2まいや3まい必要なものもあります。ところが市販の折り紙には、1セットのなかに同じ色が1まいしかないことが多いです。その点、手づくりなら、何まいでも同じ柄の折り紙をつくることができますね。

### 折り紙のつくり方

■新聞紙、新聞の折りこみチラシなど、ふちがまっすぐで、直角なカドがある紙のとき

①ふちとふちをあわせ、三角形に折る。

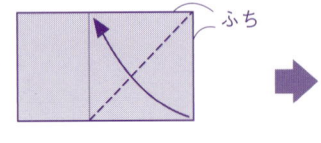

②三角形からはみ出した部分を切る。

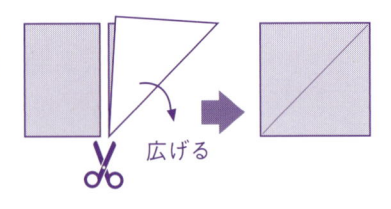

広げる

■まわりが直線でない紙のとき

①まず、どこかをまっすぐに切り、まっすぐなふちをつくる。

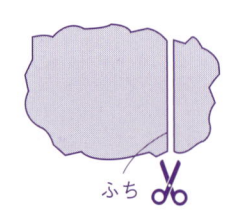

②①のふちに直角にまじわる線で切る。

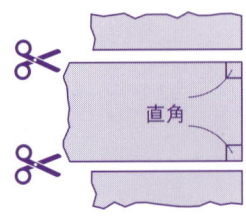

直角

③あとは新聞紙やチラシでつくるときと同じ。ふちとふちをあわせて折り、三角形からはみだした部分を切る。

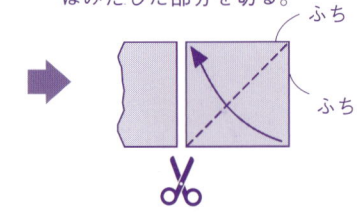

## ■紙の種類を工夫する！

身のまわりには、恐竜を折るのにぴったりの紙があふれています。いろいろな紙をつかって、いろいろな発見をしてください！

●**新聞**
とくに英字新聞は、文字自体がもようになり、ぐっとおしゃれな恐竜になります。駅の売店などで手に入ります。

●**新聞の折りこみチラシ**
何気ないスーパーのチラシでも、おもしろい模様や柄のチラシがあります。

●**お菓子などのつつみ紙**
お菓子、ケーキ、プレゼントなどの包装紙は色も柄もさまざま！ いろいろな雰囲気を出せます。

●**クラフト紙**
茶色くてじょうぶな紙。封筒や、ワレモノなどをつつむのにつかわれます。力強い印象の恐竜になります。

●**和紙**
いろいろな種類がありますが、障子のはりかえ用の和紙などは安く手に入り、つかいやすい和紙です。

●**ラッピングペーパー**
100円ショップなどのお店にあるラッピングペーパーや模造紙にも、おもしろい色や柄の紙があります。

いろいろな紙をつかって折った恐竜。

新聞の折りこみチラシでつくった折り紙。

わたしは、買ったものからもらったものまで、「この紙は何かにつかえそうだ」と思ったあらゆる紙をとってあります。また、つくりかけの作品や、作品を送ったり持参したりするための大小さまざまな紙箱など、部屋のあちこちに紙がためてあるのです。ちょっと見ただけでは「ゴミ屋敷」のようかもしれませんね。でも、わたしには宝の山なんですよ。

――背中の「板」が特徴

# ステゴサウルス
## STEGOSAURUS

つかう紙 **1**まい

大きな紙で挑戦！

| 種類 | 鳥盤目・装盾類 | 時代 | ジュラ紀後期 | 全長 | 7〜8m |

| 発掘地 | アメリカ | 名前の意味 | 屋根トカゲ | 食べもの | 植物食 | 歩行 | 4足 |

特徴　背中にならぶ「板」には血管があり、体温調節に使われた。尾の先のするどいスパイク（とげ）は武器になる。

むずかしいけれど、つくりがいのあるかっこいい恐竜です。背中とおなかが開かないように工夫したので、しっかり立ちますよ。

**1** 折りすじをつける。
**Make creases**

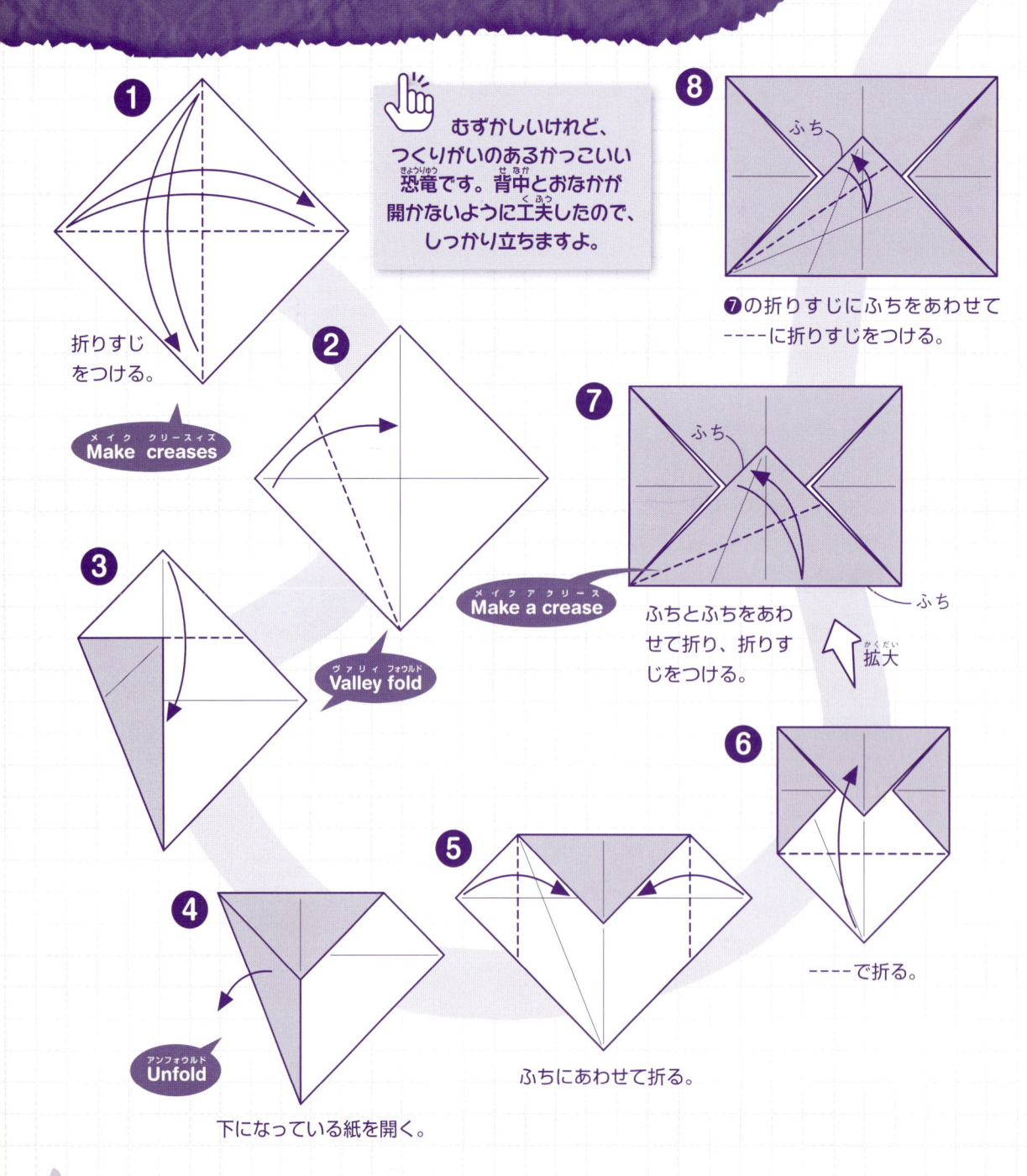

**2** Valley fold

**3**

**4** Unfold
下になっている紙を開く。

**5** ふちにあわせて折る。

**6** ----で折る。

**7** ふちとふちをあわせて折り、折りすじをつける。
**Make a crease**
拡大

**8** ❼の折りすじにふちをあわせて----に折りすじをつける。

54

ステゴサウルス レベル4

9
ふち
❼の折りすじにふちをあわせて折る。

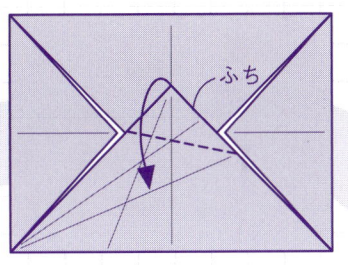

10
内側を広げてつぶすように折る。

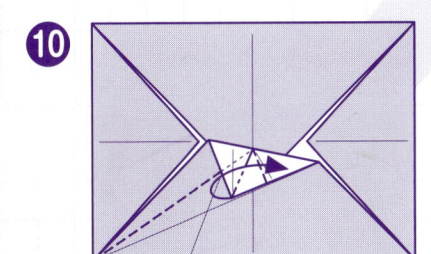

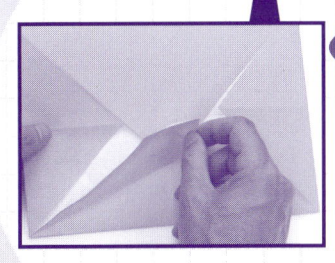

Squash fold

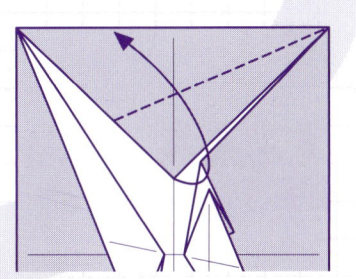

11
反対側も❼〜❿と同じように折る。 
Repeat steps ❼〜❿ on the other side

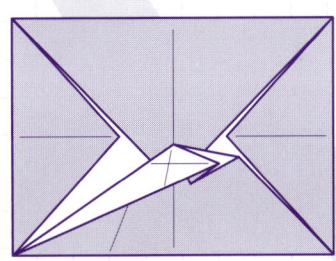

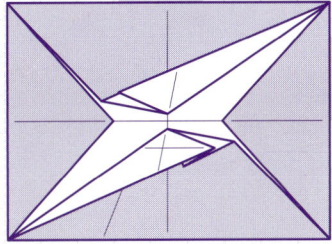

12
右へ90°

13
内側に広げてつぶすように折る。

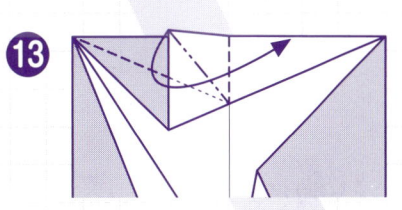

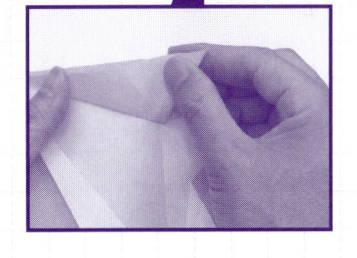

14
カドを反対側へ折る。

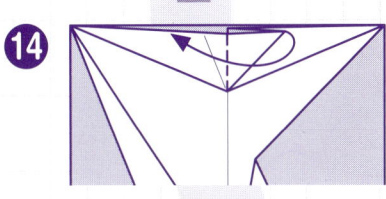

55

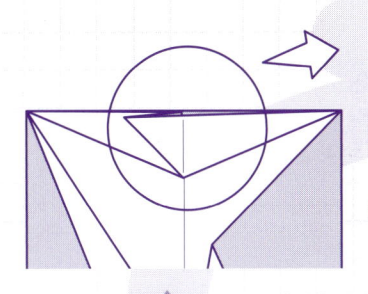

⑮ カドをふちの○にあわせ、折りすじをつける。
**Make a crease**

⑯ カドを⑮でつけた折りすじにあわせ、しっかりと折りすじをつける。

⑰ ○をつめなどでおさえ、ふちが△にあうところで折る。
ふち

⑱ ⑯でつけた折りすじで折りあげる。

反対側も⑫〜⑱と同じように折る。
**Repeat steps ⑫〜⑱ on the other side**

⑲ ふちを中央の折りすじにあわせて折る。
ふち

⑳ ふちとふちがあうように、○のところから折る。
ふち
ふち
拡大

反対側も⑲⑳と同じに折る。
**Repeat steps ⑲⑳ on the other side**

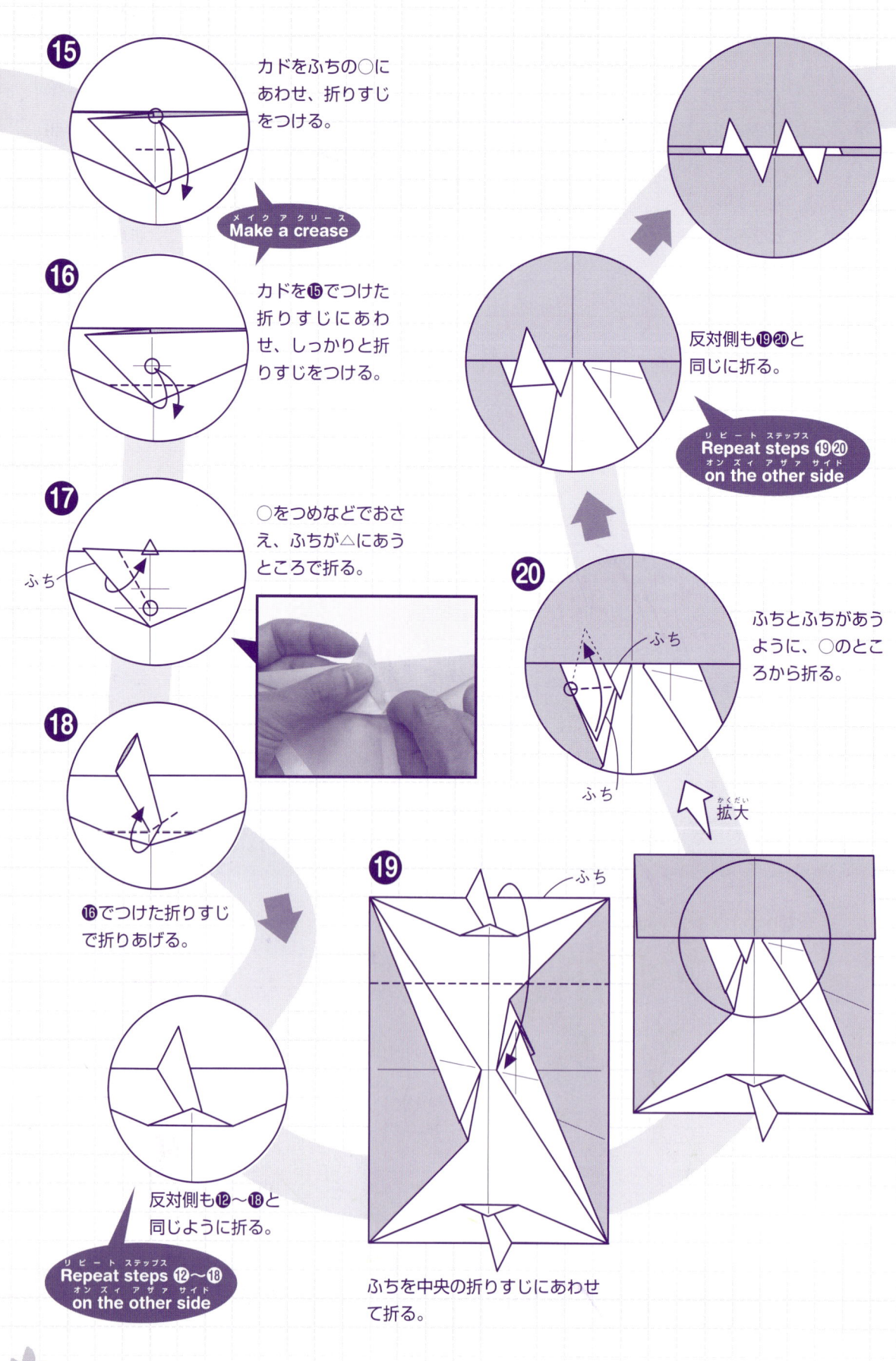

ステゴサウルス レベル4

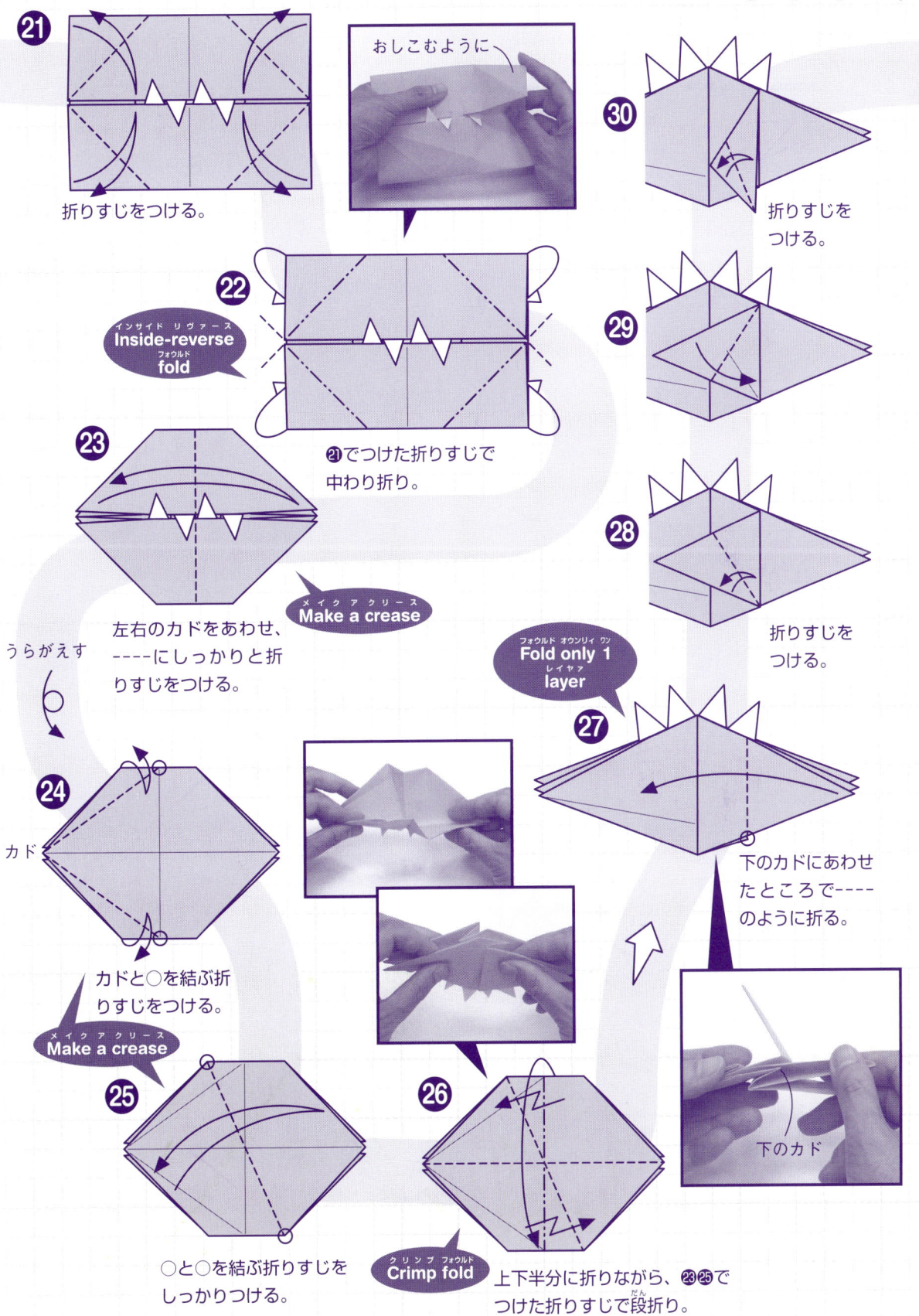

㉑ 折りすじをつける。

おしこむように

㉒ Inside-reverse fold
㉑でつけた折りすじで中わり折り。

㉓ 左右のカドをあわせ、----にしっかりと折りすじをつける。
Make a crease

うらがえす

㉔ カド
カドと○を結ぶ折りすじをつける。
Make a crease

㉕ ○と○を結ぶ折りすじをしっかりつける。

㉖ Crimp fold
上下半分に折りながら、㉓㉕でつけた折りすじで段折り。

㉗ Fold only 1 layer
下のカドにあわせたところで----のように折る。

下のカド

㉘ 折りすじをつける。

㉙

㉚ 折りすじをつける。

57

**31**

中わり折り。
Inside-reverse fold

ほかのカドも ㉗〜㉛と同じように折る。
Repeat steps ㉗〜㉛ on the others

拡大

**32**

中心のふち
ふち

○のところから折る。ふちと、中心のふちが直角になるように。
Make a crease (----)

**33**

Inside-reverse fold
中わり折り。

**34**

折りすじをつける。

**35**

Squash fold
内側を広げてつぶすように折る。

**36**

とじる。

**37**

Squash fold
内側を広げてつぶすように折る。

**38**

外側の紙をずらすように引き上げる。

**39**

うらがえす

Tuck inside

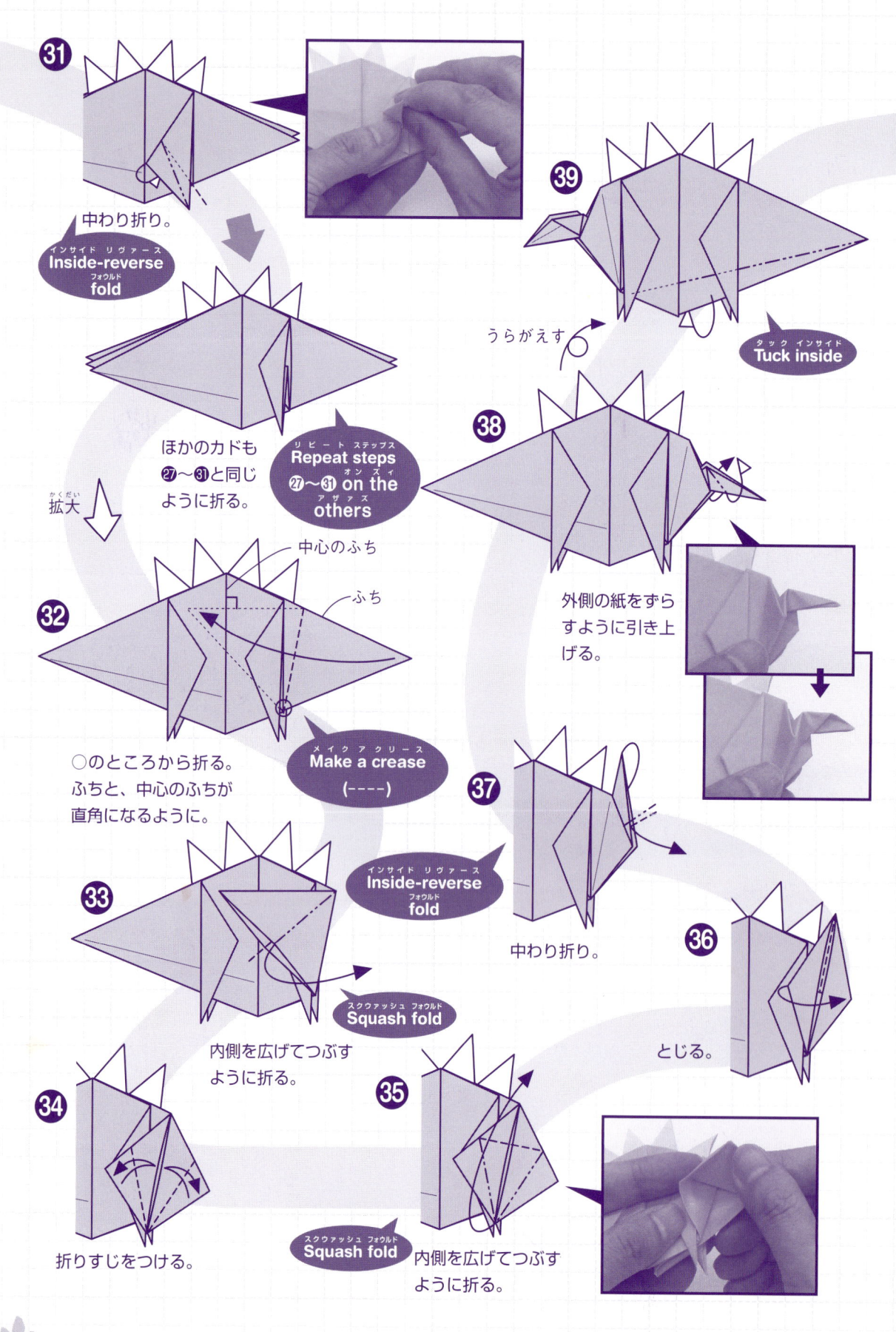

58

## ステゴサウルス レベル4

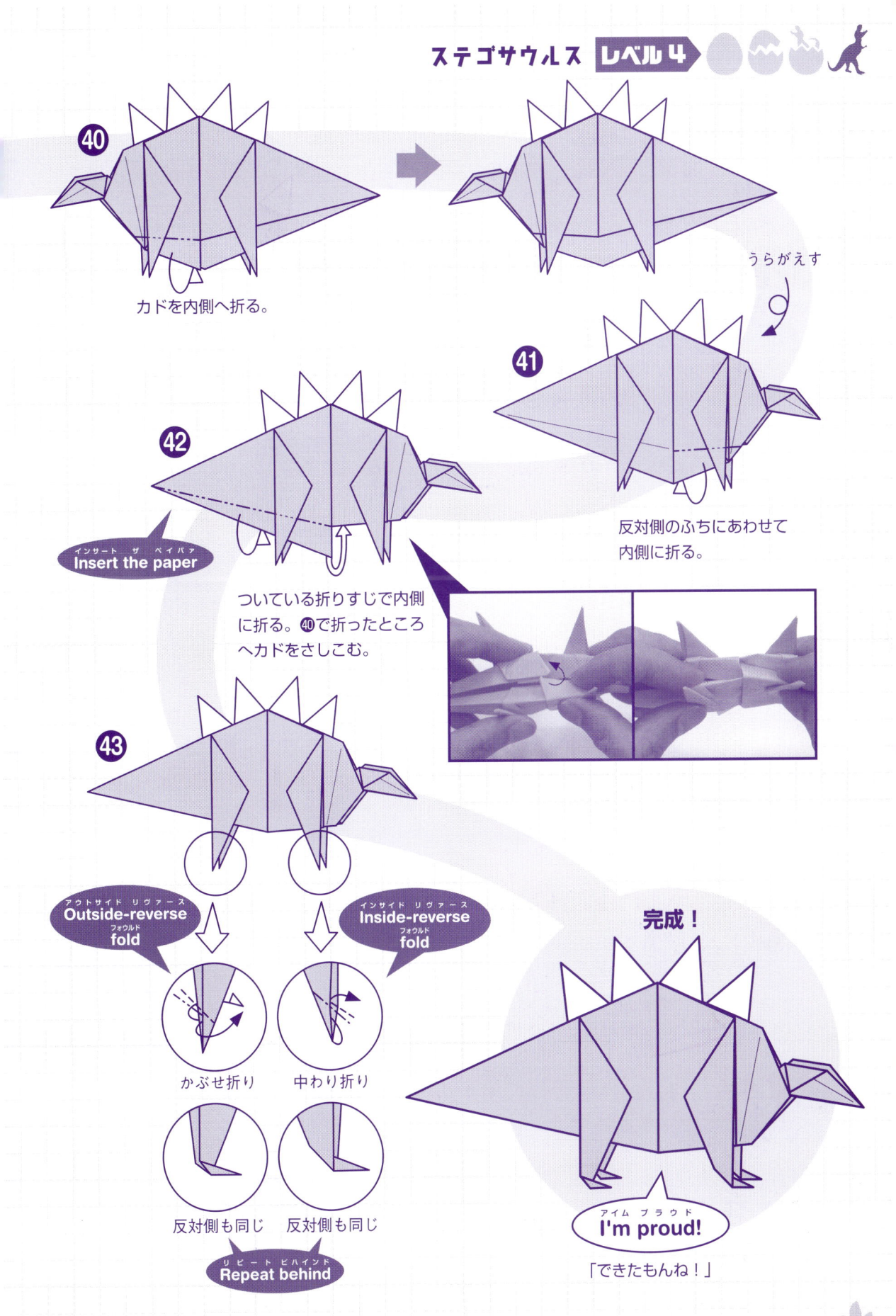

40 カドを内側へ折る。

41 反対側のふちにあわせて内側に折る。

うらがえす

42 Insert the paper

ついている折りすじで内側に折る。40で折ったところへカドをさしこむ。

43

Outside-reverse fold
かぶせ折り
反対側も同じ

Inside-reverse fold
中わり折り
反対側も同じ

Repeat behind

完成！

I'm proud!
「できたもんね！」

## 折り紙コラム

## 恐竜折り紙をかざってみよう！

恐竜をつくったら、かざってみましょう。かざり方のポイントと、恐竜がよりかっこうよく見えるコツを紹介します。

### ■恐竜を上手に立たせるには？

きちんと折った恐竜でも、かざっておくと時間とともに足が開いてしまい、立たなくなることがあります。でも、つくるときに下のようなひと手間をかけるだけで、しっかり立つ恐竜になります。

#### 接着する

木工用ボンドをつかって要所要所をくっつけます。なかに針金をしこんでから接着すると、より丈夫になります。

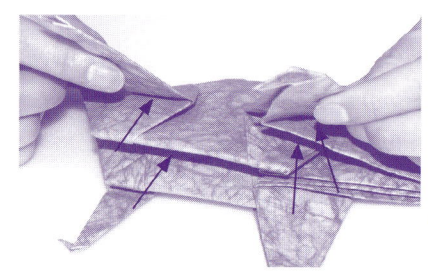

あしのつけ根、おなか、背中などをのりづけするといい。

#### 針金を入れる

ティラノサウルスなどの２本足で立つ恐竜の場合、足に針金を入れるといいですよ。また、どの恐竜でも、バランスが悪い場合は頭や尾にクリップなどをつけておもりにし、うまく立つように調整します。

ティラノサウルスの前足に針金をしこんでいるところ。

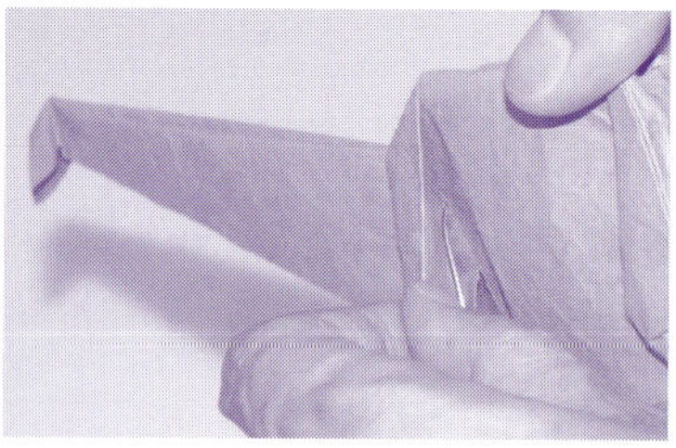

針金をしこんだブラキオサウルス。

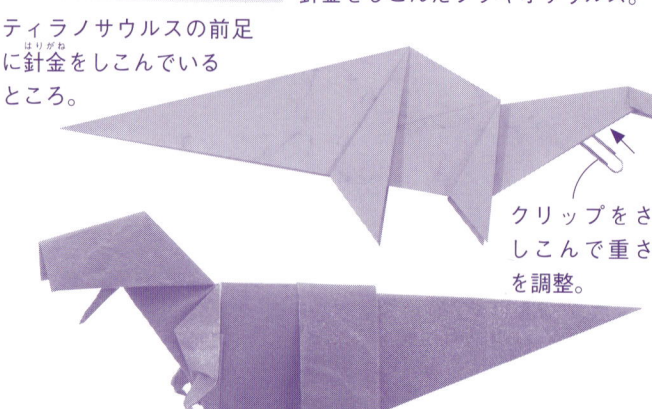

クリップをさしこんで重さを調整。

#### 土台をつける

ダンボールやコルクなどを土台にすると、しっかり立つうえ、りっぱになります。恐竜の足のなかに針金をしこみ、その先を土台にさして、土台のうら側で折りまげてとめるだけです。

飛び出した針金は、土台のうらで折りまげる。

## ■飛ばす！　泳がせる！

　プテラノドンやフタバサウルスは、空を飛ぶようすや水中を泳ぐようすを演出してかざると、雰囲気が出ていいですよ。

### 土台をつける

プテラノドンは、空中に飛んでいる状態でかざるときれいです。まず化粧品の容器のふたなどに穴をあけアクリル製のパイプ＊をさしこみます。プテラノドンには翼とからだに針金をしこみ、からだの針金をパイプに入れて完成。
＊プラモデルやミニ四駆用の部品として売っています。

アクリル製パイプ。

いろいろなプラスチック製のふたを利用。

化粧品の容器のふたに、キリで穴をあける。

### モビールにする

プテラノドン、フタバサウルスのからだに穴をあけて糸を通し、輪に結びます。針金でモビールの芯の部分をつくり、糸でつった折り紙をとりつけます。

## ■見ばえをよくする！

　折りあがった恐竜に、ひと工夫するだけでぐっと見ばえがよくなります。

### つめものをする

恐竜のおなかのなかにティッシュをつめると、立体感が出てより見ばえがよくなります。

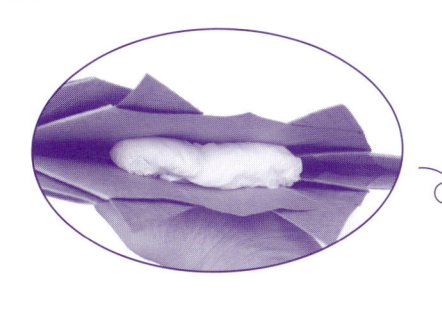

### 「寝おし」をする

雑誌などに恐竜をはさみ、自分がつかう座ぶとんやふとんの下に入れておくと、しっかりとした形になります。　恐竜入りの雑誌をいすに置き、上にすわってもいいですよ。のりづけしてから寝おしをするとさらに効果的です。

## 折り紙コラム

## 英語で折り紙！

ここでは、この本で紹介した折り方の説明の英語表現をまとめておきましょう。ぜひ、世界のいろいろな人といっしょに「恐竜折り紙」に挑戦してください！

### ■いろいろな表現

この本では、Valley fold（谷折り）、Make a crease（折りすじをつける）などのように、ごくかんたんな英語で折り方を説明してきました。でもじっさいに折り紙を折ってみると、もう少しくわしく説明したいと思うこともありますね。そんなとき、たとえば Fold（折る）という単語ひとつでも、つぎのようにことばを加えるだけで、いろいろな表現ができます。

- Fold the paper up.（上に折る）
- Fold the paper down.（下に折る）
- Fold the paper diagonaly.（対角線で折る）
- Fold the paper again.（もう一度折る）
- Fold the front layer up.（手前の紙を上に折る）

＊ the paper は it にかえることもできます。
＊ ていねいにいいたいときは、さいごに please をつけます。

英語で折り紙の折り方を説明するときは、説明をするほうもされるほうもじっさいに折り紙を手にしているので、corner（カド）、up（上）、down（下）など、英語の単語をならべるだけでも、けっこう通じるものです。はずかしがらず、どんどん「英語で折り紙」に挑戦してみましょう！　たいせつなのは、折り紙をたのしむ心ですよ。

**Let's enjoy ORIGAMI!**
（折り紙をたのしみましょう！）

| 日本語〈べつのいい方〉 | 英語〈べつのいい方〉 |
|---|---|
| 1まいだけ折る | Fold only 1 layer |
| 内側を広げてつぶすように折る。 | Squash fold |
| うらがえす | Flip／Flip it over |
| おす | Push |
| (○○と) 同じものをつくる | Make ○○ in the same way |
| 同じことをくりかえす | Repeat the same thing |
| 折りこむ | Tuck inside |
| 折りすじ | Crease |
| 折りすじをしっかりつける | Make a crease firmly |
| 折りすじをつける〈折って、もどす〉 | Make a crease〈Fold and unfold〉 |
| 折る〈三角形/四角形/長方形をつくる〉 | Fold〈Make a triangle/square/rectangle〉 |
| カド | Corner |
| カドをしっかりそろえる | Meet the corners perfectly |
| カドを○にあわせる | Bring the corner to the ○ |
| かぶせ折り | Outside-reverse fold |
| ここ | Here |
| (紙を) さしこむ | Insert (the paper) |
| 平らにする | Flatten |
| 谷折り | Valley fold |
| 段折り | Pleat fold |
| 段折り | Crimp fold |
| 中心 | Center |
| (○○を) つくろう！ | Let's make ○○ with ORIGAMI！ |
| 中わり折り | Inside-reverse fold |
| 反対側も同じ | Repeat behind |
| 半分に折る | Fold in half |
| (カドを) 引き出す | Pull out (the corner) |
| (紙を) 引き出す | Pull out (the paper) |
| 左側も同じ | Repeat the same on the left |
| 開く | Open |
| ふち | Edge |
| 右側も同じ | Repeat the same on the right |
| もどす | Unfold |
| 山折り | Mountain fold |
| 指をなかに入れる | Put your finger inside |

※この本の英語の読み方（カタカナ表記）については、基本的に『絵から英語が覚えられる　ビッグ・アップル英和辞典』（学習研究社刊）にしたがっています。

●折り紙監修／高井 弘明（たかい ひろあき）

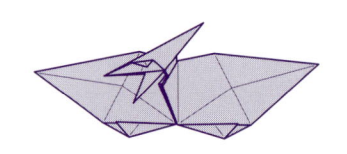

1957年、東京都生まれ。折り紙作家。子どものころ、笠原邦彦氏の著書『おりがみ どうぶつえん』に感銘を受け、折り紙創作を始める。恐竜や動物の折り紙を得意とする。著書は『折り紙で作る10大恐竜』（KKロングセラーズ）、『こだわりおりがみ 紙を染めておる恐竜』（誠文堂新光社）など。

●恐竜監修／荒木 一成（あらき かずなり）

1961年、大阪府生まれ。恐竜造形家。中学生のときにはじめて紙粘土で恐竜を制作。以後、海洋堂の恐竜シリーズ、福井県立恐竜博物館ほか各地の自然史博物館の模型を手がける。著書は『こうすればかっこうよく作れる恐竜模型 恐竜学ノート』（今人舎）、『ぼくは恐竜造形家―夢を仕事に』（岩崎書店）など。

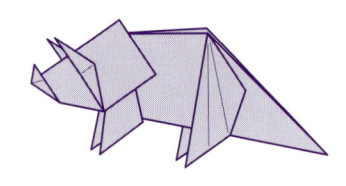

●編集／こどもくらぶ
「こどもくらぶ」はあそび・教育・福祉分野で、子どもに関する書籍を企画・編集するエヌ・アンド・エス企画編集室の愛称。小学生の投稿雑誌「こどもくらぶ」の誌名に由来。毎年約100タイトルを編集・制作している。

●編集スタッフ／中嶋舞子（こどもくらぶ）
●デザイン・DTP／菊地隆宣・矢野瑛子

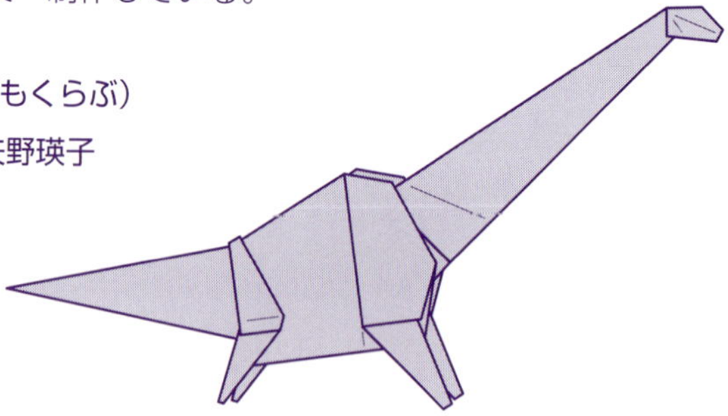

---

**大人と子どものあそびの教科書**
**Let's enjoy ORIGAMI　恐竜折り紙をたのしもう！**　NDC754.9

2011年 8月 1日　第1刷
2013年11月11日　第2刷

編／こどもくらぶ　発行者／稲葉茂勝
発売所／株式会社 今人舎
　186-0001　東京都国立市北1-7-23　TEL 042-575-8888　FAX042-575-8886
　E-mail nands@imajinsha.co.jp　URL http://www.imajinsha.co.jp
印刷・製本／凸版印刷株式会社

©2011 Kodomo Kurabu　ISBN978-4-901088-98-5　Printed in Japan
定価はカバーに表示してあります。落丁本、乱丁本はお取り替えいたします。